나는 쓸모 있는 사람인가

변광인

충남 태안 출신으로 경희대학교에서 관광학 박사학위를 받았고 2006년부터 영남대학교 교수로 재직하고 있다. 전공에 대한 연구보다 '사는 것이 무엇일까'라는 삶의 진리를 찾고자 지금까지 공부하고 있으며 깨우친 내용을 공유하기 위해 2018년부터 영남대학교 평생교육원에서 나다만(나를다시만들기) 인생학교를 개설하여 강의하고 있다. 2023년부터는 태초먹거리학교 영남캠퍼스장도 맡고 있다. 이밖에 영남대학교 식품외식MBA아카데미 책임교수, 경북농민사관학교 책임교수, 경북도 심의위원, 소상공인시장진흥공단 심사위원, 중소기업중앙회 전문위원, 농림축산식품부 농촌융복합심사위원, 경북농식품유통교육진흥원 전문위원 등 공공기관의 자문·심사위원으로 활동하고 있다. 기업과 공공기관에서 조직갈등관리, 서비스마인드, 경영자 역할 가치 등을 강의하고 있다.

나는 쓸모 있는 사람인가
초판 발행 2024년 2월 25일
지은이 변광인
디자인 최가은
펴낸곳 영남대학교출판부
펴낸이 최외출
출판등록 1975년 9월 5일 경산 제16 - 1호
주소 경상북도 경산시 대학로 280
전화 053) 810 - 1801~3
FAX 053) 810 - 4722
홈페이지 book.yu.ac.kr

ISBN 978-89-7581-950-6 03190

나는 쓸모 있는 사람인가

변광인 지음

열린시선

머리말

사람들은 건강하게 살다가 지혜롭게 늙고 고통 없이 죽었으면 하는 소망을 가지고 있다. 태어나고 싶어서 태어난 사람 없고 죽고 싶다고 죽어지는 것이 아니기에 이러한 소망을 이루기란 쉽지 않다. 삶은 고통스럽고, 복잡하며 어려운 문제이다. 인생을 정의하고 목적을 찾기 위한 동·서양 철학자들이 평생 공부하다 세상을 마감했고 또 그 제자들의 연구는 오늘날까지도 이어지고 있다. 다수가 답이라고 동의하면 또 다른 이론으로 동의할 수 없다고 반전을 기하는 논쟁의 장이 인류 역사와 같이할 만큼 오랜 세월을 함께하고 있다. 인생의 목적과 정의는 그만큼 어려운 문제이다.

왜 태어났을까? 한 번쯤 질문을 받아보기도 하고 한 번쯤 생각 해 본 명제이다. 이 질문에 대답하기 난감한 경험이 있을 것이다. 이 세상에 태어난 목적을 묻는데 대부분 잘 모른다고 한다. 목적이 없다고 하거나, 부모님 사랑의 흔적이니 부모에게 물어봐야 한다고 하지만 부모도 모른다. 부모도 결혼하여 어찌하다 보니 자식을 낳았다. 부모도 자식에 대한 선택권이 없다. 누구든지 이런 사유로 인생을 시작했다.

어디서 와서 어디로 가는지도 모르고 그냥 열심히 살다 보면 흰 머리카락이 여기저기 보인다. 자식들이 둥지를 떠나면 그때가 되어서야 이렇게 사는 것이 맞나 한 번쯤 뒤돌아본다. 대안도 없고 방법도 모르니 또 그냥 살다가 삶을 마감할 때쯤 감당하기 버거운 마음의 고통을 부둥켜안고 허둥대다 이 세상을 가기도 한다. 삶도 선택할 수 없고 죽음도 선택할 수 없기에 인생은 창조주의 작품이라고 할 수밖에 없는 것이 아닐까?

부모가 내 자식이라 하지만 자신들의 선택에 따른 것은 아니다. 부모가 자식을 선택할 수 있다면 그들이 원하는 자식을 낳을 수 있어야 하는데 그렇게 할 수 없는 것이 현실이다. 원하는 자식, 공부 잘하고, 키 크고 잘생긴 자녀를 선택해서 낳고 키울 수 없다. 이는 인간의 영역이 아니다. 전세계 인구가 80억이라 해도 같은 사람이 하나도 없는 것이나, 인체의 신비로움을 보면 더욱더 태어나고, 살고, 죽는 일은 창조자의 영역이 아닐까 하는 생각을 하게 된다.

인생이란 태어나고 싶어서 태어나는 것이 아니고 죽고 싶다고 해서 죽어지는 것이 아니다. 사람이 세상에 태어나야 하는 이유가 있기에 태어난다. 그럼, 왜 태어났는가? 이것이 아마 인생의 궁극적인 목적을 묻는 질문일 것이다. '왜 태어났는가? 라는 질문은 '왜 사는가'와 같은 답을 가지고 있다. 질문이 있다면 반드시 답이 있다. 그렇다고 그 답이 반드시 정답이 아니다. 앞에서도 언급했듯이 이 답을 찾아서 지금까지 많은 철학자, 종교지도자, 인문학자들이 연구하고 교육하며 공유하고 있다.

이 글을 쓰는 나도 그중 한 사람이다. 나는 철학을 전공하거나 인문학 전공자도 아니다. 단지 질문의 답을 찾아야 한다는 필요성이 있었고, 세상의 이치를 깨쳐야 이치대로 살 것이라는 생각으로 다년간 공부하며 많은 사람과 공유하고 있다. 전공이란 학부나 대학원에서 공부한 분야를 말한다. 보통 학부 4년, 대학원 석·박사 6년, 10~12년 정도면 일반적으로 전통 전공자라고 한다. 나는 17년째 왜 사는가를 공부하고 있으니 전공자라고 할 수 있지 않을까 생각한다.

오랜 기간 이 공부를 하는 이유는 답을 찾는 일이 그만큼 나의 삶에 영향을 많이 미쳤기 때문이다. 삶에도 원리가 있고 이렇게 사는 것이 맞다는 확신이 있었기 때문이기도 하다. 나의 방법이 정답이고 다른 방법은 오답이라는 것은 아니다. 나의 답은 여러 방법 중 한 가지에 불과하다. 이러한 진리를 일깨워 주신 원황철 스승님 가르침으로 경희대 권용주 교수님, 중앙대 심일운 교수님, 신서희 선생님 외 많은 사람과 양평 라이프 균형 아카데미에서 세상의 이치를 깨우치고자 공부하였고 지금도 진행 중이다.

삶의 지혜를 찾고자 지금까지 학자들이 노력하였다. 그리스철학이나 서양철학, 동양철학 등 모든 학문이 이 잘 사는 것과 삶의 목적을 정의하고 실천 방법을 찾고자 연구하고 있다. 연구는 많은 이론과 형식으로 이루어져 있다. 형식은 내용과 맞물려야 의미가 있는데 형식을 위한 형식만 난무하고 있어서 지혜를 찾기 힘들다. 필자는 훌륭하신 원황철 선생님 제자로 다년간 공부한 내용을 정리하여 세상의 원리인 맞물림 원리를 공유하고 다함께 삶의 원리를 알아가는 초석이 되었으면 하는 생각으로 책을 쓰기로 하였다.

세상에는 수많은 종교와 수천 가지의 수행기법, 수많은 수행자 들이 삶의 목적을 찾고자 공부하며 수행하고 있다. 무엇이 정답이라고 단언할 수 없다고 말했지만, 그동안 공부하며 정리된 세상의 이치인 맞물림 원리가 잘 살 수 있는 방법 중 하나임을 확신하게 되었다. 이를 사람들과 공유하고자 한다. 인생을 정의한다는 것은 참으로 어려운 문제이다. 필자 역시 나만이 정답이라고 단언하지 않는다.

다른 연구자나 철학자의 정의가 다 틀렸다는 것도 아니다. 답을 제시하는 원리는 이론적 논리 보다 자연의 이치로 설명하는 맞물림 원리가 일리가 있다고 생각하기 때문이다. 대중매체나 유튜브나 기타 방송을 보면 많은 철학자나 인문학자들이 다양한 이론으로 인생을 정리하며 강의하고 있다. 그들의 강의는 어떤 원리가 아니고 이론을 포장하여 지식을 설명하고 있는 것이라는 생각이 들 때가 많다.

최근에 본 책과 영상에서 "어떻게 살 것인가?"라는 주제를 보았다. 참으로 모순이 많다는 생각을 하였다. '어떻게'라는 단어 의미는 How to로 방법을 말하는 것이다. 방법은 반드시 어떤 목적이 명료하게 정해졌을 때 성립되는 단어이다. 목적이 정해지면 그것을 달성하기 위한 방법으로 어떻게 할 것인가를 논하고 행동하는 것이다. 서울이란 목적지를 설정하면 그 다음 무슨 방법으로 갈 것인지 생각하게 된다. KTX, 무궁화열차, 시외버스, 승용차 등등 수단을 모색한다. 이것이 How to이다. 살다 보면 답답할 때, 바람 쐬러 간다고 무작정 차를 몰고 목적지 없이 운전한 기억이 있을 것이다. 그냥 신호 받는 대로 가다가 방황하며 돌아온다. 목적지가 없으면 어디로 가야 할지 아무 생각 없이 방황하다 돌아가는 것처럼 삶도 마찬가지다.

'어떻게 살 것인가?'는 무엇이 되었든 간에 인생의 목적을 정한 후 얘기하는 것이 옳다. 목적에 도달하기 위해 논의하는 것이 방법이다. 세상에 모든 이치가 똑같다. 인생의 궁극적 목적도 마찬가지다. 목적이 명료하게 설정된 후에 어떻게 살 것인가를 논하는 것이 맞다. 많은 철학자나 인문학자들은 인생의 목적에 답이 없다고 말하거나 질문의 핵심은 피하면서 복잡한 이론을 제시하는 경우가 다반사이다. 답을 모르면 모른다고 하는 것이 옳을 텐데 없다고 하거나 그냥 살라고 하는 경우가 대부분이다. 대중에 인기 있는 최모 철학 교수의 '어떻게 살 것인가' 강의를 들으면 무슨 내용인지 알 수가 없다. 결론이 없는 내용으로 강의를 이어가는 것을 보고 강의하는 본인도 정리가 안 된 것이 아닐까 하는 생각이 들었다.

대중매체에서 강의하는 스님도 마찬가지이다. '왜 사는가?'라고 물으면 '왜 자꾸 묻느냐, 그냥 주어진 대로 살면 되지'라고 답을 한다. 주어진 대로 그냥 살면 되는데 사람들은 왜 잘 살아 보겠다고 하거나 성공하려고 발버둥 치는가? 그냥 산다는 것은 또 무엇인가? 마치 어려운 단어를 나열하고 대중들이 알아듣기 어려운 고전적인 말이나 철학의 역사를 나열하여 이해하기 어렵게 강의하는 것이 곧 유명한 철학자요 지식인처럼 호도하는 것은 아닐까. 철학이든 인문학이든 공부를 한다는 것은 결과적으로 '왜 사는가?'와 '어떻게 살 것인가?'라는 질문에 근본적인 답을 찾고 생존욕구를 안정화하면서 존재욕구를 추구하는 것이다.

공부는 우리에게 주어진 인생의 목적을 실현하기 위한 여정이다. 생각하는 사고방식 틀을 넓혀서 인간관계를 이해하고 역할 가치를 향상

하는 것이 가장 핵심이다. 그러기 위해서는 자기 자신을 뒤돌아보는 지혜가 필요하다. 이것이 공부의 목적이다. 배운 것의 실천을 통한 사고방식의 전환이 쓸모 있는 인생길이 된다.

인간의 욕구는 생존욕구와 존재욕구로 분류할 수 있다. 이 책은 생존욕구 충족에 쓸모 있는 사람으로 살아가기 위한 해법을 모색하고자 한다. 사람이든 물건이든 목적에 쓸모가 있을 때 의미와 가치가 있다. 사회는 역할 가치가 높을 때 필요한 인재가 된다. 필요한 인재는 어디에서나 필요하다. 일상생활에서 목적을 명료하게 사고해야 한다. 목적이 있을 때 힘든 부분을 당연시 받아들이는 사고방식이 자리 잡고 인간관계를 잘 할 수 있으며, 이런 사람이 결국 성공하는 삶을 살게 된다.

흔히 '사람'은 많은데 '사람'이 없다고 한다. 쓸모 있는 사람이 없다는 의미이고 역할 가치가 높은 사람이 없다는 말이다. 결국 사회가 필요로 하는 사람이 없다는 말이고 인재가 없다는 말이 된다. 인간관계에서는 늘 인재가 필요하다. 인재란 친구 간, 가족 간, 연인 간, 모든 관계에서 필요한 역할을 잘 수행하는 사람을 말한다. 어디에서나 필요로 하는 사람을 말하며 필요가 하다는 것은 쓸모가 있는 존재란 말과 같다.

나이가 들면 찾는 줄어드는 것은 쓸모가 낮아지기 때문이다. 퇴직하고 나면 직장 선후배와 지속적인 관계가 유지될 것처럼 생각하고 연락하고 찾아 가곤 한다. 하지만 퇴직 전과 많은 차이를 느낄 수 있다. 쓸모가 없기 때문이다. 마찬가지로 젊은 사람인데 찾는 사람이 없다면, 그만큼 인간관계에 쓸모가 낮다는 것이고, 결국 생존에 문제가 발생한다. 그럼에도 불구하고 무엇이 문제인지 알아차리지 못하는 사람이 많다. 조언을 하면 더욱더 받아들이지 못한다. 이것은 사고방식의 문제이다.

'나는 쓸모 있는 사람인가? '에 대한 다차원 역할 가치에 대한 정리가 필요하다. 쉽고 편한 것만 선택하는 이분법적 방식으로 살아가면 쓸모가 점점 낮아지는 사람으로 변한다. 사고방식을 전환하는 계기가 있어야 한다. 방법을 바꾸지 않고 다른 결과를 바라는 것은 어리석은 짓이다. 방법이 같으면 결과는 같기 때문이다. 새로운 사고방식으로 삶을 재설계하면 생존력이 높아진다. 이분법적 사고에서 통합적 사고방식으로 전환하면 사회에 필요한 인재, 쓸모 있는 사람이 된다. 따라서 이 책은 인생 전체로 보았을 때도 삶의 목적인 궁극에 쓸모가 있는 것인가에 대한 생각을 정리하고자 하였다. 취업을 준비 중인 젊은이나 인생설계를 잘하고 싶은 사람, 인간관계를 잘해서 성공하는 싶은 사람 등 모든 사람이 한 번쯤 고민하며 정리하는 계기가 되었으면 한다.

-- 영남대학교 204호 연구실 --

차례

1장
균형 있는 삶

잘 사는 것

잘 사는 인생이란 무엇일까? 어려운 질문이다. 답을 회피하거나 그냥 웃고 만다. 삶에도 원리가 있다면 한 번쯤은 생각해봐야 하는 질문임에는 분명하다. 질문은 답이 있기에 성립된다. 답이 없는 질문은 없다. 답에는 정답과 오답이 있다. 오답을 잡고 계속 정답이라고 주장할 수도 있다.

잘 사는 인생에 대해 질문의 답을 찾아본다. 온라인·오프라인 강의, 유튜브, 대중 강의, 책 등 다양한 정보 채널을 통해서 보면 '행복하게 살면 된다.', '그냥 주어진 대로 살아라.', '마음을 비우고 사는 것이다.' 등의 답을 얻는다. 어떻게 하면 되는지 구체적으로 물으면 답을 구하기 어렵다. 그만큼 구체적이고 명료하게 답하기 어렵기 때문이다. 잘 살펴보면 세상에 목적 없이 일어나는 것은 없다. 무생물이든 생물이든 필요에 의해서 발생하여 그 위치에 있다.

세상을 뒤집어 놓는 COVID19도 필요에 따라 생겼다. 바이러스의 생존전략이었고, 지속적으로 변형되어 현재는 오미크론으로 이어지고 있다. 이것을 없애고자 약을 만들고 백신을 투여하지만 절대로 없어지지 않는다. 생명체는 끊임없이 진화하기 때문에 의술이 발전하는 만큼 병도 발전한다. 그래서 질병을 정복한다는 것은 불가능하다. 생명이 있는 모든 것은 생존을 위해서 진화한다. 이것이 자연의 법칙이고 맞물림 원리이며 삶의 원리이다. 세상의 유성생물은 두 개가 맞물려야 새로운 생명체가 탄생하여 존재하고 작동한다. 우리의 삶도 맞물려야 새로운 생명이 탄생하는 것이다.

남녀가 맞물려서 새로운 생명이 잉태되고 새로운 차원에서 한 삶의 여정이 시작된다. 세상에 나오면서 고통스럽게 울부짖으며 호흡을 들이마시는 순간 심장이 박동하여 삶이 시작된다. 마지막 긴 한숨을 내뱉으며 인생을 마감한다. 그것이 우리의 삶이다. 인생은 고통을 전제로 태어나기 때문에 편안한 삶을 추구한다. 인생이 편안하게 주어졌다면 편하게 살려고 노력을 안 할 것이다. 고통과 편안은 맞물려 있다.

고통스러운 인생이 시작되지만, 나의 선택권이 없다. 그래서 인생은 시작하는 순간부터 고통이다. 이런 고통스러운 인생길은 우리에게 왜 주어지는 것일까? 주어지는 이유가 삶의 목적이다. 왜 사는가를 알아가는 과정이 철학이고 인문학이다. 지혜로운 삶의 목적을 찾는 것이 인생 일정이다. 삶이란 형식을 통해서 내용인 목적을 찾는다.

잘 사는 삶이란 무엇인가? 라고 질문하면 답이 다양하다. 돈이 많은 것, 성공하는 것, 아프지 않고 행복하게 사는 것이라 한다. 또다시 질문한다. 돈이 얼마 있어야 하는가? 어떻게 하면 성공이라 할 수 있을까? 살다 보면 아프지 않고 살 수 있을까? 더 이상 답이 어렵다고 포기한다. 그만큼 생각을 안 했다는 반증이고 어렵다는 말이다. 세상살이가 참 어렵다. 부자도 어렵고 빈자도 어렵다. 복잡하고 정의하기도 어렵다. 그래도 한 번쯤은 고민해 봐야 하지 않을까? 어찌하면 행복한 인생살이를 할 수 있을까?

누구나 행복하게 잘 살기 위해서 노력한다. 취직 잘하고 결혼 잘하고 성공한다고 해서 꼭 행복하지 않다. 그럼에도 대부분 세상 사람은 행복하기를 원한다. 어떻게 하면 행복한 삶을 살 수 있을까? 즉 질문이 명료해야 답이 명료해지는데 우리의 질문은 늘 막연하다. 돈이 많으면 행복하다. 성공한다. 이런 식이다. 그러면 재벌들은 늘 행복하다고 할 수 있을까?

성공이 행복을 보장하지 않는다. 도대체 행복이 무엇이기에 사회적 성공으로 행복이 보장되지 않는 것인가? 사람들이 생각하는 행복이란 것이 상대적이기 때문이다. '상대적'은 늘 남보다 비교하여 행복지수가 높아지고 낮아지기 마련이므로 어떤 성공도 지속적으로 행복을 보장하지 못한다. 그렇다면 어떻게 살아야 잘 사는 것일까? 잘 살기 위해서는 먼저 잘 산다는 게 무엇인지부터 분명해야 한다. 무엇이 잘 사는 것인지가 명료하지 않고 잘 살아질 리가 없기 때문이다.

잘 산다고 하는 것은 우선 내 기준으로 내가 설정되어야 한다. 나는 몸과 마음과 정신으로 구성되어 있다. 그러므로 잘 산다는 것은 바로 몸과 마음과 정신이 잘 살아 있는 것이다. 몸과 마음과 정신이 잘 살아 있으려면 몸과 마음과 정신이 균형을 이루어야 한다. 몸과 마음과 정신이 잘 살아 있어야 잘 살 수 있고, 같은 논리로 몸과 마음과 정신이 잘 살아 있도록 살아야 잘 산다. 잘 산다는 것의 출발점과 도착점은 몸과 마음과 정신이 잘 유지되는 데 있다. 이것이 참 잘 살기의 핵심이다.

사회생활을 하면서 육체와 정신의 균형을 이룬다는 것이 쉽지 않다. 행복한 삶은 나의 기준이 있어야 한다. 맞물림을 통한 행복한 삶은 질이 높은 상태이고, 삶의 만족도가 높은 상태를 말한다. 행복한 상태란 몸과 마음과 정신의 상태이니 행복의 우선 조건은 몸과 마음과 정신의 건강한 상태를 바탕으로 한다.

몸과 마음과 정신의 상태가 삶의 질과 만족도를 좌우하는 결정적인 요소이다. 몸과 마음과 정신이 균형의 상태를 이루지 못하면 삶의 질이나 만족도가 높아질 수 없다. 행복은 곧 몸과 마음과 정신이 균형을 이룬 상태를 말한다. 균형은 양극의 두 요소가 팽팽하게 맞물려 있는 상태로, 보이는 육체와 보이지 않는 정신의 맞물림 상태를 말한다. 행복한 상태도 몸과 마음의 양극의 두 요소가 팽팽하게 맞물린 균형의 상태이며, 불행과 행복이 함께 맞물려 균형을 이룬 상태를 말한다.

불행을 피하거나 불행이 전혀 없이 행복만 추구하면 행복할 수 없다. 불행을 마주하며 불행과 행복이 함께 맞물려 균형을 이룬 상태가 참 행복이다. 프랑스 사상가 볼테르도 이렇게까지 말했다. “불행이 행복을 만든다. 따라서 불행이 있어야 행복을 느낄 수 있다.” 어려운 말일 수도 있고, 말도 안 된다고 할 수도 있다. 이것이 사실이다. 이 논리가 지금까지 내가 공부하며 찾아낸 맞물림 원리이다.

맞물림 원리는 자연의 원리이며 세상의 원리이기도 하다. 자연은 더럽고 힘들다고 피하거나 골라서 선택하지 않는다. 자연이란 있는 그대로이다. 좋은 것과 나쁜 것, 편한 것과 불편한 것을 그대로 품고 있다. 행복도 불행을 품을 수 있어야 진정한 행복이 된다. 이는 동양철학의 중요한 개념인 중용이나 불교의 중도와 같은 개념이다.

하나를 선택하고 하나는 배제하는 것이 우리의 선택기준이고 삶의 형식이다. 이것이 삶을 힘들게 만든다. 사고방식의 문제이다. 이분법적인 사고방식으로 행복만 추구하지 말고 불행도 품는 포함적 사고방식으로 전환이 필요하다.

무엇을 결정할 때 하나를 배제하고 하나만 선택하는 것이 너무나 당연하다. 배제하는 것을 의식하며 하나를 선택하는 것을 포함적 사고방식 또는 통합적 사고방식이라 한다. 이것을 설명하는 것이 맞물림 원리이다. 맞물림 원리를 알면 행복의 원리를 알 수 있다.

삶과 자연의 원리

삶을 잘 살아가려면 삶의 원리를 알아야 한다. 무엇이든 원리를 알면 원리대로 하면 된다. 우주 자연에 원리가 있듯이 삶에도 원리가 있다. 삶이 우주 자연 속에서 일어나는 일이기에 우주 자연의 원리가 곧 삶의 원리가 된다. 우주 자연의 원리가 곧 삶의 원리라면 우주 자연의 원리를 알아야 삶을 잘 풀어갈 수 있다.

자연과 우주는 한 치의 오차도 없이 돌아간다. 만약 오차가 있다면 달력을 만들 수도 없고 항구에서 사용하는 물때도 만들 수도 없다. 오차가 없기 때문에 50년, 100년 뒤를 예측하여 설계한다. 오차가 없다고 하는 것은 힘들고 어려운 부분이 있어도 그냥 함께 간다는 의미이다. 이것이 자연의 원리이다. 사람은 힘든 부분을 피하고 살아가려고만 하기 때문에 뜻대로 안 되는 것이다. 안 되는 것이 당연한데 왜 나는 뜻대로 안 되는 것일까 하며 남을 원망하거나 탓한다. 뜻대로 안 되는 이유는 나만 이롭게 하려는 선택에서 시작하기 때문이다.

흔히, 이런 이기적 기준으로 결정하는 것이 똑똑하다고 하거나 스마트한 경영지식이 있는 것처럼 여긴다. 경쟁 사회에서 이렇게 선택하는 것이 승자라고 교육을 받아왔기 때문이다. 이러한 선택을 당연하게 받아들이고, 습관화 되어 있기 때문에 문제가 있다고 생각조차 하지 못한다. 이런 방법의 선택과 결정을 무의적으로 또는 습관적이고 일상적으로 반복하고 있다. 인간관계에 있어서 어느 한쪽이 일방적으로 손해 보는 결정을 지속적으로 받아들일 수 있을까? 이것을 생각하지 못하고 계산 착오를 하며 살아가니 뜻대로 되지 않는다. 이것을 잘 설명해 놓은 것이 공자의 손자인 자사의 핵심 개념인 중용사상이고 불교의 중도이며 저자가 말하는 맞물림 원리이다.

중용(中庸)은 우주 자연과 삶의 원리에 대한 통찰이 담긴 동양고전이다. 중용은 동양사상이 압축된 가장 지고의 경전으로 꼽힌다. 중용에는 우리가 삶을 잘 풀어가며 잘 살아갈 수 있게 해 줄 원리가 들어 있다. 이 책에서 제시하는 잘 살아가는 원리는 중용의 맞물림 균형 원리이다. 맞물림 균형 원리는 중용(中庸)을 실현하는 실천 원리이다. 세상에는 공짜가 없다고 설명하면 쉽게 이해가 될 것이다. 양극단이 함께 맞물리게 하여 균형을 이루게 하면 중용을 실현할 수 있다. 중용은 모든 가능성에 대처하는 중심이라고 표현하기도 한다.

중용은 이것도 저것도 아닌 적당한 타협이 아니다. 지나침도 없고 모자람도 없는 중간을 중용이라고 오해하는 사람들이 많다. 중용은 지나침도 있고 모자람도 있는 모든 가능성에 대처하는 중심이다. 양극의 좌도 아니고 우도 아니면 아무것도 아닌 셈이다. 양극의 좌와 우가 함께 맞물려 균형을 이루면 자연스럽게 새로운 다른 차원의 가능성이 열리는 것이 중용이다. 다시 말해서 차원이 다르다는 것이다.

세상 모든 것이 맞물려 돌아간다. 우주 세계와 사람 사는 세상의 삶도 양극이 맞물려 균형을 이루어야 돌아간다. 우주가 맞물리지 않으면 지구는 추락한다. 지구는 자전과 공전이 맞물려 돌아간다. 자동차 바퀴가 균형이 맞지 않으면 바로 문제가 발생한다. 나무도 잎이 무성한 만큼 뿌리가 무성해야 생존이 가능하다. 책상도 다리의 균형이 맞지 않으면 책상의 가치가 없다. 전기 + - 가 균형을 이루지 못하면 전기로 사용할 수 없다. 물의 H_2O 구성은 정확하게 수소와 산소의 균형이다. 사람의 신체도 모두 맞물려 있다. 중국 속담에 사람이 걷는 것이 기적이란 말이 있다. 사실 기적이다.

이렇게 세상은 정확하게 맞물림 균형으로 돌아가고 있다. 맞물리지 않으면 문제가 생기는 것이 당연한 삶의 원리이다. 정확하게 맞물려 균형을 이룰 때 정상인이고 균형이 작동 안 되는 것을 비정상인이라 한다. 무엇이든 어느 한쪽으로 치우치면 균형력이 작용하여 반대쪽으로 기울어지게 되고, 지나치면 무너지고 만다. 맞물림 균형을 이루면 세상도 삶도 잘 살 수 있고 인간관계도 잘 할 수 있어 생존력이 높아진다.

맞물림 균형 원리가 삶의 원리이다. 인생을 잘 살고자 한다면, 그리고 세상을 잘 풀어가고자 한다면, 어떤 상황에서든 양극이 맞물리게 하여 균형을 이루어야 한다. 세상이 맞물려 돌아가기에 우리의 삶도 맞물리게 선택하고 준비해야 한다. 그런데 우리는 늘 세상에 공짜가 있는 것처럼 선택을 반복하며 살아가고 있다. 결과적으로 힘들고 어려운 부분이 남게 되거나 얻는 것이 별로 없게 된다.

사례를 좀 더 리얼하게 들어보자. 대학교 수강 신청이 시작되는 첫날 아침 9시가 되면 모든 학생이 PC 앞에서 0.01초 다투는 전쟁을 시작한다. 학생들이 원하는 과목은 좀 쉽게 점수를 얻을 수 있는 과목이다. 어느 교수가 점수를 잘 주는지 어떻게 하면 쉽게 점수를 따는지 정보를 취득한 후 수강신청을 하기 위해서 촌각을 다툰다. 이렇게 힘든 부분을 배제하고 쉽고 편한 것만 선택하면 결과적으로 얻을 수 있는 것은 학점과 졸업장뿐이다. 이것 때문에 대학에 오는 것도 일부 있지만 대학 교육을 통해서 사회에 필요한 인재가 될 수 있을까?

쉽고 편한 것을 선택하면 결과적으로 대학생활 본연의 목적을 이룰 수 없다. 이것이 자연의 원리이고 맞물림 원리이다. 이러한 선택 방법이 지속되면 균형력을 잃어서 내가 원하는 것을 얻을 수가 없다. 지금까지 선택한 결과가 지금 삶의 수준이다. '지금 나의 삶에 만족하는가?'라고 물으면 '예!' 라고 답하는 사람이 거의 없을 것이다. 그렇다면 지금까지 나의 선택과 결정이 문제가 있다는 의미이다. 현재 나의 삶에 만족하지 못하다면 다른 방법을 찾아봐야 한다.

삶을 바꾸고 싶다면, 생각하는 방식을 바꾸고 다시 행동방식을 바꿔야 조금씩 변화가 온다. 생각은 나의 사고방식에서 유래한다. 따라서 삶에 대해 탐구하기 위해서는 사고방식이란 무엇인가를 필연적으로 이해해야 한다. 사고방식을 통해 내가 삶에서 얻고자 하는 바가 유용성이다. 통합적 사고가 내 삶에 변화를 주도록 유용성 있게 적용해보는 것이 중요하다. 이를 가능케 하는 것이 바로 맞물림 사고이다. 통합적 사고를 어떻게 적용해야 하는지 구체적 해법인 How to를 제시해 주는 것이 맞물림 원리에 있기 때문이다.

맞물림 균형은 새로운 패러다임이다. 새로운 원리는 옳고 그름으로 논할 것이 아니라 얼마나 유용성이 있는지를 가늠해보는 것이 필요하다. 새로운 패러다임과 낡은 패러다임은 같은 기준으로 잴 수 없다. 패러다임의 장단점을 비교하거나 어느 쪽이 우월한지 판단할 수 있는 논리적인 방법은 없다.

새로운 원리에 따라 새로운 삶을 생각해 보자. 새로운 맞물림 균형 원리가 얼마나 자신의 일상적인 삶에서 유용성이 있는지를 적용해보자. 유용성의 맛을 보고 새로운 원리를 받아들일 것인지 아닌지를 선택하는 것은 각자의 자유에 달렸다. 새로운 삶을 살고자 하면 반드시 방식을 바꿔야 한다는 사실은 분명하다.

사고방식 전환의 필요성을 인지시켜 틀을 넓혀가는 것이 교육이다. 사회에서 필요한 존재가 무엇인지 정리할 수 있는 원리 시스템이다. 이것은 단순한 원리가 아니고 우리가 꼭 한번 생각하고 실천해야 하는 원리이며 인간관계의 새로운 패러다임이다. 새롭다는 것은 경험하지 못했다는 것이기 때문에 불안하고 힘들다. 그래서 사람들은 익숙한 패턴을 반복적으로 사용하며, 익숙한 사고방식에 고착화되어 변화가 어렵다.

우리는 살면서 익숙함을 추구한다. 2박 3일 교육이나 세미나를 하면 좌석이 정해진 것도 아닌데 첫 시간에 앉은 자리가 2박 3일 동안 고정석이 된다. 이것이 편하기에 무의식적으로 그렇게 된다. 혁신은 새로운 것을 받아들이는 일에서 시작한다. 과정은 어렵다. 어렵게 느껴지기 때문에 선택하지 않지만 어려운 것을 받아들이는 만큼 얻는 것이 많다. 아픔만큼 성숙해지는 삶의 길이기도 하다. 이런 삶의 방식에서 행복과 불행을 느낄 수 있고, 새로운 차원의 삶을 살 수 있다.

삶은 힘든 것을 받아들이는 사고방식을 추구할 때 지금보다 나은 삶을 살 수 있다. 그렇다고 힘든 것을 찾아다니며 할 필요는 없다. 누구나 살다보면 어려움이 반드시 온다. 이때 남의 탓을 하거나 부정적인 사고방식으로 대처하지 말고 있는 그대로 받아들이는 사고가 필요하다. 잘 살고 싶다면 잘 사는 길을 선택해야 하는데, 있는 그대로 받아들이는 사고의 전환이 반드시 필요하다. 배우고도 실천하지 않으면 안 배운 것보다 더 나쁘다.

세상 이치는 맞물려 돌아간다

우리가 살고 있는 지구는 태양의 주위를 공전하고 있다. 지구가 공전궤도를 벗어나지 않고 우주의 미아로 떠돌지 않는 이유는 지구와 태양의 힘이 맞물려 있기 때문이다. 즉, 태양이 지구를 끌어당기는 중력과 지구가 원 밖으로 나가려는 원심력이 맞물려 균형을 이루면서 지구는 궤도를 벗어나지 않고 태양 주위를 계속 돌게 된다.

태양의 중력과 지구의 원심력이 맞물림 균형을 이루면서 지구의 생명체가 생명을 이어가고 있다. 태양이 끌어당기는 중력만 있으면 지구는 태양으로 끌려 들어가 타버릴 것이고, 지구의 원심력만 있으면 지구는 존재하지 않는다. 태양과 지구 사이의 거리가 멀어져 태양의 중력이 작아지면 지구는 공전 속도를 줄여 원심력이 작아지게 만들어 균형을 유지한다.

한편, 지구와 태양 사이의 거리가 가까워져 중력이 커지면 지구는 공전 속도를 높여 원심력도 커지게 만들어 균형을 유지하고 있다. 우주

뿐만 아니라 세상에 모든 것은 맞물려서 돌아간다. 학교에 학생이 없으면 선생이 필요 없기에 학교도 필요 없는 것이 된다. 부모와 자식도 마찬가지이다. 아버지와 어머니가 맞물려 자식이 탄생하고 가정이 성립된다.

부부나 연인도 어느 한쪽이든 맞물리지 않으면 단어 자체가 성립이 안 된다. 연인이란 남녀가 둘이 맞물릴 때 성립되고 헤어지면 연인이란 단어가 없어진다. 이렇게 세상은 무엇이든 두 개가 맞물려서 돌아간다. 보이는 것에는 보이지 않는 것이 맞물려 있고, 보이지 않는 것에는 보이는 것이 맞물려 있다. 우주는 생물과 무생물이 맞물려 있다. 생물은 암수 구별이 있는 유성 생물이 있고, 암수 구별이 없는 무성 생물이 맞물려 있다.

동식물과 같은 유성 생물은 암수의 둘이 하나로 통합하여 생식한다. 박테리아와 같은 무성 생물은 암수 구별 없이 하나가 둘로 분열되어 생식한다. 박테리아처럼 무성 생식으로 영원히 살아 있는 생물이 있는가 하면, 영원히 죽어 있는 무생물이 있어 맞물린다.

신체도 손등과 손바닥의 함께 맞물려 하나의 손을 이루고 있고, 손등과 손바닥을 모두 봐야 온전한 나의 손을 보듯이 맞물려 있음을 알아야 한다. 대체로 그렇지 않고 손등이나 손바닥 한쪽만 보고 손을 봤다고 한다. 손을 볼 수 있다고 늘 말하지만 동시에 손을 볼 수 없다는 사실조차 모르고 있다. 일부를 보고 전체를 보았다고 한다. 이것을 계산 착오라 한다. 계산 착오를 하고도 계산을 잘했다고 우긴다. 그래서 뜻대로 안 된다.

우리가 사는 세상은 이처럼 양극이 함께 맞물려 구성되고 작동하고 있다. 이것이 석가모니 깨달음의 실천원리인 중도이다. 중도 원리 또한 맞물림 원리이다. 이것은 세상 돌아가는 두 원리와 세 가지 원칙으로 정리하면 다음과 같다.

첫째는 쌍생쌍멸(雙生雙滅)의 원리이다.

짝이 되는 양극의 요소가 쌍으로 맞물린다. 남녀가 짝을 이루어 부부가 되듯이 다른 요소가 하나가 되어 균형을 이룬다. 두 개 중 하나가 없어지면 의미가 모두 사라진다. 전기의 양극, 물의 구성, 사람 정신과 육체, 세상에 이치의 원리이다. 함께 온전하게 있을 때 의미가 있고 둘 중 하나가 사라지면 남은 하나도 의미가 없어진다.

사제란 스승과 제자가 함께 있을 때 사제란 말이 의미가 있고 둘 중 하나가 없으면 말이 성립하지 않는다. 젓가락도 하나만 있으면 그냥 나무막대기 불과하고 두 개 있어야 젓가락이 된다. 쌍으로 있을 때 의미가 있고 다른 하나가 사라지면 모두 사라지는 것이다.

둘째는 순차성(順次性)과 동시성(同時性)의 원리이다.

맞물림은 양극이 순차적으로 또는 동시적으로 일어난다. 자연도 인생도 양극이 순차적으로 또는 동시적으로 맞물려 돌아간다. 오늘 하루도 낮과 밤이라는 양극이 순차적으로 맞물리면서 돌아가는 사실을 경험한다. 한 지역에서 보면 낮과 밤이 순차적으로 맞물리지만, 지구 전체에서는 한쪽이 낮이면 반대쪽은 밤이고, 한쪽이 밤이면 반대쪽은 낮이 되어 동시적으로 맞물려 있다. 이렇게 세상은 변화하고 순환하면서 돌아간다. 변화와 순환의 핵심에는 맞물림이 들어 있다.

맞물림은 순차적으로 그리고 동시적으로 맞물리면서 일어나고, 양극이 맞물리면서 변화와 순환은 균형을 이루어 나간다. 다시 말해 맞물리지 않으면 변화와 순환이 이루어질 수 없다. 양극이 맞물려 균형을 이루지 못하고 한쪽 극으로 치우치거나 기울어지면, 또 한쪽 극이 지나치게 모자라면 변화와 순환은 곧 사라지고 만다.

살다 보면, 좋은 일과 나쁜 일이 동시에 발생하기도 하고 순차적으로 일어나기도 한다. 태어나고 죽는 것도 순차성과 동시성이 일어난다. 두 가지 원리가 맞물리면 다음과 같은 세 가지 원칙으로 나타난다.

첫 번째는 균형력 작용의 원칙이다.

짝이 되는 양극이 맞물리면 균형력이 작용하고 맞물리지 않으면 균형력이 사라진다. 나무의 뿌리와 잎, 젓가락의 구성, 학교와 학생, 성공과 실패, 1등과 꼴찌, 전류와 전기, 자유와 구속력, 치료와 질병, 의사와 환자, 행복과 불행 등등 세상의 이치를 자세히 보면 모든 것이 맞물려 균형력을 유지하고 있다. 맞물려야 의미가 있다.

두 번째는 생명력 생성의 원칙이다.

세상을 살아가는 데는 참과 거짓이 존재가 맞물려 있다. 참만 있고 거짓을 버리면 참도 없어진다. 참이라는 단어가 성립이 안 된다. 거짓이 있으니까 진짜라는 말이 성립되는 것이고 실패가 없고 성공만 있다면 성공은 유지가 안 된다. 생명력이란 실제의 생명을 말하기도 하고 생명력이 있는 상태를 말하기도 한다. 진정한 사랑을 할 때 맞물려서 생명력이 있는 것이고 의미도 있다.

세상의 모든 생명은 암수가 맞물려야 생긴다. 사람 남녀가 맞물리면 2세가 탄생하고 동물도 암수가 맞물리면 새끼를 낳고 식물도 마찬가지다. 이것이 우주 생명체가 이어지는 원리이다. 등산을 힘들게 하여 정상에 오르고 하산하면 상쾌한 기분이 든다. 오를 때 힘듦과 내려올 때 편안함이 맞물려서 다른 차원의 생명력을 경험한다. 만약에 케이블카나 헬기를 타고 정상을 갔다 오면 차원에 같기 때문에 생명력을 느끼지 못한다. 이런 것을 생명력생성의 원리라 한다.

세 번째는 다른 차원의 원칙이다.

맞물리면 지금과 같은 차원이 아니고 다른 차원이 열린다. 동물도 새끼를 낳으면 어미 차원이 아닌 다른 차원이 만들어진다. 형식과 내용이 맞물리면 다른 차원이 된다. 요리를 생각하면 다른 차원이 쉽게 이해된다. 채소와 물, 양념을 넣고 가열하면 요리라는 다른 차원이 생긴다. 밥을 반찬과 그냥 먹는 것보다 비벼서 먹는 것이 맛있게 느껴지는 것도 밥과 반찬의 차원이 아니고 밥과 반찬의 비율이 맞아서 다른 차원이 생성되기 때문이다. 학생과 선생이 맞물려면 학교가 생성되고 실패와 성공이 맞물리면 새로운 경영차원이 생긴다.

이와 같이 세상은 그냥 돌아가는 것처럼 보이지만 자세히 보면 원리대로 작동되고 있다. 세상의 맞물림 원리를 잘 살펴보면 잘 살 수 있는 발판을 구할 수 있다. 무조건 잘해라, 열심히 해라, 성실해라 하는 교육보다는 원리와 방법을 제시하며 살아가는 길을 안내하면 힘든 삶을 극복 할 수 있는 발판이 된다. 이것을 지혜라고 한다.

삶도 맞물려야 한다

우리가 살아가면서 마주하는 삶의 문제들을 푸는 해법의 핵심은 맞물림 균형 원리임을 강조하였다. 삶을 맞물림으로 보면 문제의 핵심이 보이고, 맞물리게 하면 문제해결의 길이 열린다. 세상을 살아가는 원리를 알고 실천하는 해법을 알았다면 실행해야 생존력이 높아진다. 세상은 음양의 조화라는 말을 들어 봤을 것이다. 음양의 같은 맥락인 맞물림으로 보면 세상이 이해되고, 지혜가 보이고, 진리가 보인다. 무엇이든 한쪽만 바라는 것은 의미를 상실하기에 맞물리게 보면 온전한 길이 보인다.

맞물림을 본다는 것은 있는 그대로 보는 것이며, 있는 그대로 보는 것은 빠짐없이 온전하게 보는 것이다. 온전하게 볼 수 있어야 온전하게 살 수 있다. 우리는 늘 있는 그대로 보는 것이 아니라 쉽고 편한 것과 내가 손해를 적게 보는 것으로 판단하고 선택한다. 있는 그대로 보지 못하는 것은 이분법적인 사고방식으로 바라보고 생각하는 습관 때문이다. 이것이 현재 우리의 사고방식이며 교육 현장도 하나만 바라보고 결정하는 교육을 지속하고 있다.

경쟁에서 우승자에게만 의미 가치가 있고 나머지 참가자는 의미가 없는 것처럼 교육하고 있다. 1등이 의미 있는 것은 나머지 2, 3등과 꼴찌가 있기 때문이다. 1등이 대단하면 나머지 함께 하는 사람도 귀한 존재임을 알아야 한다. 혼자 출전해서 혼자 우승하면 대단하게 느껴지는가? 이런 생각을 하지 않고 우승자만 있고 우승을 빛나게 한 사람은 무시하는 사고방식으로 교육하고 살아왔다. 그래서 양면성을 보지 못하고 한쪽만 보고 결정하는 오류를 범하고 있다.

물건이든 사람의 행동이든 있는 그대로 온전하게 보자. 지금 여기는 과거와 미래가 맞물려 있고, 하늘과 땅이 맞물려 있고, 자연과 문명이 맞물려 있고, 밝음과 어둠이 맞물려 있고, 저차원과 고차원이 맞물려 있다.

맞물리게 하면 온전함에 이르게 된다. 온전한 몸은 전후, 좌우 , 상하 내외가 한쪽으로만 치우치지 않도록 맞물림 균형으로 몸을 쓰고 치우침 없이 행동할 때 얻어진다. 사람의 구조를 봐도 맞물려서 작동되는 것을 볼 수 있다. 걸을 때 자세히 보면 왼손이 앞으로 나가는 폭만큼 오른발 폭도 그만큼만 나가게 되어 있고 대화할 때 아랫입술이 위로 올라가고 눈꺼풀은 위에 것이 아래로 내려온다. 귀와 코는 세로로 있고 입과 눈은 가로로 되어 있으며 팔은 앞쪽으로 구부려지고, 다리는 뒤로 구부려진다. 가장 부드러운 골은 가장 딱딱한 머리통이 감싸고 있다. 신체의 좌우도 보면 정확하게 반을 맞물려 있다 사람의 몸을 소우주라고 하는 것은 그만큼 신비롭기 때문이다. 사람의 신체든 사회구성이든 우주의 작동원리든 모든 것이 철저하게 맞물려 있다.

치우침이 없어야 온전한 삶이 된다. 그런데 쉬운 것이 아니다. 우리는 쉽고 편한 것을 선택하기 때문에 균형을 잃는다. 사회생활도 균형력이다. 사회 시스템은 협상과 타협의 연속이라고도 한다. 생존현장에는 늘 상대가 있다. 현장에서는 손해를 최소화하는 전략을 항상 가동해야 한다. 상대에게 빼앗아 오거나 뭔가를 내줘야 하는 것이 사회생활의 연속이다. 양보를 전제로 하는 타협이 있다. 보다 적극적인 협상은 균형을 유지하고자 하는 노력이다. 살아가면서 타협과 협상은 불가피한 상황이고 반드시 있어야 하지만, '이것이 최선일까?'라는 생각하게 된다.

쌍방의 의견이 대립될 때 상대방의 양보를 얻어내거나 굴복시키는 상황이 연속된다면 좋은 결론이라고 할 수 없다. 우리는 우리 자신이 스스로 굴복하거나 상대의 무릎을 꿇게 만드는 것이 좋은 결과를 얻었다고 생각한다. 좀 더 깊게 보면 도의적이지 못하다고 생각하게 되는 경우도 많다. 타협과 협상의 궁극적 목표는 합의이지만 상대를 속이는 경우도 많다. 조금이라도 상대가 더 이익이 크다면 결과를 무시하는 태도를 하는 경우도 종종 있다. 합의는 확장단계가 아니고 결과라는 축소단계를 지향하기 때문이다.

이런 이분법적인 사고방식이 인간관계의 지속을 어렵게 하는 경우가 많다. 사고방식을 바꿔야 한다. 축소되는 타협보다 확장되는 결과를 얻고자 해야 한다. 이것을 불교에서는 중도라 하고 필자는 맞물림 원리라고 한다. 맞물리면 새로운 차원이 열리는 새로운 결과 즉 내가 얻을 것과 상대도 얻을 수 있는 것을 놓고 협상을 할 수 있다. 이것을 포함적 사고방식이라 한다. 포함적 사고는 win win할 수 있는 방안을 목표로 두고 협상을 한다. 이것이 진정한 협상이다.

협상이 곧 실패와 성공이 맞물림 균형을 잘 설명하는 과정이고, 이럴 때 행복감을 느낄 수 있다. 온전한 성공은 실패 없는 반쪽 성공이 아니다. 한쪽으로만 치우치지 않고 실패와 성공이 맞물림 균형을 이룬 온 쪽 성공이 진정한 성공이다. 사랑도 미움이 없는 사랑이 아니라 한쪽으로 치우침 없이 미움과 사랑이 맞물림 균형을 이룬 온 쪽 사랑이 진정한 사랑이다. 짝사랑을 생각해 보면 쉽다. 어느 한쪽이 일방적으로 사랑을 하고 한쪽은 피하면 온전한 사랑이 이루지지 않는다. 온전한 삶도 삶만 있고 죽음이 없는 것처럼 피하는 것이 아니라, 한쪽으로만 치우침 없이 삶과 죽음이 맞물릴 때 균형을 이룰때 온전한 인생이 된다.

자유는 구속의 맞물림

사람은 누구나 자유를 추구한다. 자유는 경계가 없고 구속은 경계가 높기 때문에 피하려 한다. 자유란 무엇이지 명료하게 정의해야 추구할 방법도 명료해진다. 자유란 막연하게 하고 싶은 대로 하는 것이 아니다. 자유는 구속과 맞물려 있다. 구속이란 자기통제(Self Control)를 말한다. 자기 자신을 통제하는 능력이다.

자기통제가 있어야 자유가 있다. 자기통제가 없으면 자유를 빙자한 방종이다. 자유를 추구 하는 만큼 자기 구속력이 전제되어야 진정한 자유를 얻는다. 이는 개인, 국가, 회사, 가족, 모든 곳에서 마찬가지다. 국가도 국력 기반이 되어야 자유를 추구할 수 있다. 국력의 기반은 국민 희생의 대가이다. 미국이 세계를 이끌어 가는 능력은 경제력이 기반이 되기 때문이다.

오늘날이 있기까지는 많은 사람의 희생과 국민들의 구속력이 바탕이 된다. 우리나라 역사를 봐도 마찬가지이다. 외부 세력 침입을 수없이 당했을 때, 국력이 강했다면 과연 침입을 당했을까? 일제 강점기도 국력이 없었기에 나라를 빼앗겼다. 개인의 자유도 마찬가지이다. 남보다 많은 노력 하는 것이 구속력을 높이는 사람이다. 이런 사람들이 방종이 아닌 진정한 자유를 추구하며 살 수 있다.

구속이 없는 자유는 자유가 아니고 방종이다. 먼저 비워야 채울 수 있는 논리와 같다. 구속과 자유가 맞물려 균형을 이루면 생명력 있는 온전한 자유가 된다. 구속 없는 자유는 반쪽만 있는 치우친 자유라 결국 자기 구속으로 이어진다. 노숙자를 잘 보면 알 수 있다. 어느 조직이나 사회생활은 힘든 것이 당연한 데 이런 자기 구속이 싫고 그냥 자유만 추구하니 건강하게 먹을 자유나 이동의 자유가 제한되며 한 끼를 채우기 급급한 구속된 삶을 살아가고 있다. 대한민국에서 일자리가 없어서 노숙자가 되지는 않는다.

자유란 하고 싶은 대로 하는 것이 아니다. 해야 하는 일과 하고 싶은 일이 맞물릴 때 자유인이 된다. 구속력이 강해야 자유의 폭이 넓어진다. 스스로 자기 구속(자기통제력)을 한다는 것은 자기가 추구하고 싶은 만큼 힘들어야 한다. 해야 하는 것과 하고 싶은 것 중 해야 하는 일에 비중을 둔다. 더 많이 자유롭고 싶다면 그만큼 자기 구속을 해야 한다. 이것이 맞물림 원칙이고 자연 원리이다. 따라서 자기 구속력이 강한 사람은 생존력이 높아 결국 성공하는 사람이 된다. 학생이 학교생활 구속력이 높으면 좋은 성적을 얻는 것과 같은 원리이다.

구속력은 낮으면서 성적을 잘 받는 사람을 능력이 있는 것처럼 생각한다. 이것은 한 두 번은 가능하겠지만, 세상의 이치는 그렇지 않다. 반드시 문제가 발생한다. 좋은 회사에 가기 위해서는 그만큼 자기 구속력이 높아야 한다는 의미이고 원리이다. 힘든 것은 피하면서 좋은 직장을 구하는 일은 맞물림 원리를 보면 말이 안 되는 일이다. 성공은 구속력이 전제가 되어야 비로소 길이 열린다. 세상에 늘 공짜가 없다. 많은 사람들이 세상에 공짜가 있는 것처럼 행동하는 모순된 삶을 살고 있다.

자유민주주란 자유를 위해 지켜야 할 법(구속력)이 많다. 법을 잘 지키는 사람만이 자유를 추구할 수 있다. 법이 없으면 자유도 없다. 법이 없으면 무법천지가 되어 누구도 살 수가 없는 사회가 된다. 우리나라가

세계 무역 10대국이니 선진국이니 하는 것도 선조들의 구속력 덕분이다.

사례를 들어보자. 박정희 대통령을 군사 쿠테타 정권이니 인권탄압 정치이니 하며 부정적인 면만 부각하여 공격하는 정치세력들이 있다. 한쪽만 보고 자기 주장을 펴는 것이다. 이런 사람에게 묻고 싶다. 자유란 무엇인가? 자유란 그냥 주어지는 것이 아니다. 머리에 붉은 띠 매고 투쟁한다고 얻어지는 것도 더욱 아니다. 산업현장과 해외에서 선배들의 피눈물 흘린 혹독한 고생이 지금의 대한민국에서 누리는 자유의 기초이다.

자유는 경제력을 바탕으로 힘이 있어야 누릴 수 있다. 군사정권이 자유를 억압했다고만 주장하는 것은 자유에 대한 정의를 모르는 정치 선동꾼이 하는 말이다. 그 당시 탄압도 있었고 인권침해도 있었지만, 그에 대한 대가로 국가성장을 통한 자유를 얻었다. 힘이 없으면 자유를 지킬 수도, 누릴 수도 없는 것이 생존경쟁의 기본 원리이다. 이러한 구속력이 없으면 개인이든 국가든 존재할 수 없다. 자유만 외치고 편한 것만 추구하는 것은 자유가 아니라 방종이고, 자기기만이다. 국가든 사회든 같은 원리가 적용된다.

전에 본 기사가 마음에 와 닿아 소개하고자 한다. 2020년 12월 17일 매일경제신문 창업 스토리 기사이다. 맨주먹으로 창업해 25년 만에 매출 1조 3000억의 세계화장품 ODM 1위 기업을 일군 이경수 회장 인터뷰였다. 46세에 창업하여 25년 만에 세계적인 기업을 만들기까지 어려움에 대한 내용이다. 예비창업자들에게 조언하는 내용 중 "창업은 자신이 맡은 일을 최선을 다해 완성하고 동료, 고객 등 주변 사람들과 원만한 관계를 맺으면 회사를 그만두고 나와야 창업해도 사람들이 도와준다"고 하였다. 직장생활이 짜증난다고 대안으로 창업하면 실패한다고 조언하는 말이다. 회사생활이 싫다고 피하면 창업도 성공하기 어렵다는 말이 매우 인상적이었다. 더불어 지혜를 얻기 위한 노력을 경험과 책을 통해서 소양을 쌓으라 메시지도 남겼다. 기자가 "과거로 돌아간다면 창업의 길을 가겠는가?"라는 질문을 했다. 사업이 이렇게 힘든 줄 몰랐다며 직장을 선택할 것 같다고, 스트레스를 너무 받아서 치아를 거의 다 임플란트할 정도로 힘들었다는 말을 했다. 지금의 성공은 혹독한 자기 구속력의 맞물림 결과였다.

취업하기가 어려운 시대이다. 누가 취업에 성공할까? 자기구속력이 높은 사람이 될 확률이 크다. 성공과 실패는 구속과 자유의 원리와 같은 원리이다. 취업은 의존해서 생존하고 창업은 독립해서 생존한다. 그런데 이경수 회장님 말씀대로 직장생활 힘들다고 창업을 준비하는 사람들도 많다. 의존해서 생존을 못하는데 독립해서 생존하는 것이 가능할까? 정부에서 청년취업이 어렵다 하니 청년창업이 대세인 것처럼 다양한 기관에서 부추기며 돈을 쏟아붓고 있다.

창업에 대한 마음 준비도 안 되었는데 창업 자원을 지원하고 있다. 창업의 실패는 당연하게 지속되고 있다. 누구를 위한 창업이고 무엇을 위한 정책인지 알 수 없다. 청년 창업자는 잘 선택해야 한다. 정부에서 돈을 준다고 모든 자금을 주지는 아니다. 자기자본이 어느 정도 있어야 하는데 정부 지원금이 공짜 같이 보이기에 창업을 하는 사례가 비일비재 하다. 창업도, 취업도 생존을 기반으로 하기 때문에 자기 구속력을 높여야 성공 할 수 있다. 이것이 자연법칙이고 삶의 법칙인 맞물림 법칙이다. 자유스러운 삶을 살고자 하는 만큼 고통이 비례한다. 고통이 두려우면 성공이나 자유스러운 삶을 추구하면 안 된다. 이것이 잘 살아가는 원리이다. 고통을 피하면서 남과 비교하여 우월한 삶과 자유를 추구한다면 불행한 삶이 연속될 뿐이다.

사고방식을 바꾸는 키워드

세상과 삶을 풀어가는 가장 확실한 해법은 자연의 이치를 따르는 일이다. 자연의 가장 핵심이 되는 이치는 맞물림 균형 원리이고, 이 방법으로 세상을 살아가는 방식과 풀어가는 기준을 바꿔야 사고방식을 바꿀 수 있다. 세상을 살다 보면 좋은 일도 있고 어려운 일도 발생한다. 좋은 일이라고 마냥 기뻐할 것도 아니고 힘든 일이라도 남을 탓하거나 팔자 타령, 부모 타령, 조상 타령할 것도 아니다. 세상은 공평해야 한다고 말하지만, 세상은 반드시 공평한 것만도 아니다. 공평이란 불공평이 있을 때 성립된다.

정치인들이 흔히 하는 말이 있다. "국민 모두 행복하고 잘 사는 나라를 만들겠다"는 말이다. 국민이 모두 행복하면 누가 행복한지 모르기 때문에 모두가 불행해진다는 말이 된다. 흙수저니 금수저니 하는 사람이 있는 것이 사실이지만, 그것이 지속되느냐, 안 되느냐는 사고방식에 있다. 이기(利己)를 위한 이기는 나만 얻고자 하면 당장은 얻는 것처럼 느껴지지만 시간이 지나면 잃었다는 사실을 알게 된다. 이타(利他)를 통한 이기는 상대가 얻고자 하는 바를 인식하고 내가 얻을 것을 사고하는 방식이다. 전자는 이분법이라 하고 후자를 통합적 사고라 한다. 때로는 이분법으로, 때로는 통합적 사고로 맞물리게 결정하고 행동하는 사고방식이 필요하다.

우리는 통합적 사고보다 이분법 사고로 결정하는 경우가 많기에 균형력이 상실되어 치우친 삶을 살고 있다. 치우치면 반드시 문제가 발생하는 것이 삶의 원리이다. 이런 방식을 바꿔야 건강한 삶을 유지 할 수 있다. 같은 방식은 같은 결과를 낳는다. 다른 결과를 얻기 위해서 방식의 전환이 필요하다. 흔히 생각을 바꾸라고 하는데 생각은 그냥 떠오르는 것이기에 바꿀 수가 없다. 생각하는 방식을 바꿔야 한다. 생각하는 방식이 늘 자신에게 유리한 쪽이나 쉽고 편한 쪽으로 선택하고 결정하며 살고 있기에 문제가 된다.

사고 전환은 힘들다. 그래도 맞물림 실천 방법이 있기에 기회는 있다. 어느 상황이 발생하거나 무엇을 결정할 때 또는 힘든 일 일어나면 생각을 전환할 수 있는 키워드로 생각의 틀을 넓히는 것이 통합적 사고로의 전환이다. 좋은 일은 있어도 덤덤하게 받아들이고 어려운 일이 발생해도 탓하지 말아야 한다. 그에 더해 다음과 같은 3가지 원리를 지키면서 생각하는 방식을 전환하는 것이 사고방식의 확장이다. 이를 통해 생존력은 높아진다.

첫째, 얻는 게 있다.
둘째, 이게 어디야.
셋째, 잃어야 얻는다.

첫째, 얻는 게 있다.

어떠한 현상과 행위도 얻고자 하는 목적이 있어서 일어난다. 무엇이 되었든 간에 목적 없이 일어나지 않는다. 비록 사소한 것이라도 반드시 목적이 있어서 일어난다. 비가오던, 폭풍이 불던, 눈보라가 치던, 사고가 나던, 궂은 일과 좋은 일 모두 일어나는 이유가 있다. 이것을 목적이라 한다. 목적이 이로울 때도 있고 해로울 때도 있다. 이로울 때는 얻었다 하고, 해로울 때는 잃었다고 한다. 얻었다고 해서 사방팔방 자랑하며 오두방정 떨 일도 아니고, 힘든 일이 발생해도 지금은 힘들지만, 이게 어디야 잃었으니 얻는 게 있을 것이라는 방식으로 사고를 전환하는 것이 긍정적 사고이다.

상황이 좋아질 수도 있고 더 나빠질 수도 있지만, 모든 것은 얻는 것과 잃는 것이 동시에 존재 한다는 사실을 알아차리고 행동하는 방식이다. 처음에는 이게 무슨 말인지, 이게 가능한지, 실천하기 매우 어렵다고 피하거나 그냥 살면 된다고 하거나, 남의 탓을 하기도 한다. 곰곰이 생각해 보면 그럴 수 있겠다 하는 생각을 하게 된다. 늘 한쪽만 생각하는 이분법 사고 때문에 어렵게 느껴지지만, 세상은 맞물려 돌아간다는 설명을 떠올려 보면 사고의 전환이 발생한다.

이것을 학습의 효과라고 한다. 세상의 이치가 이렇다는 것을 인지하면 행동이 변화한다. 어떤 현상과 행위가 결과적으로 반드시 얻는 것과 잃는 것이 동시에 존재한다. 지금 잃었으니 얻는 것도 있다. 지금 주어진 상황이 잃는다 해도 맞물림 원리로 보면 얻는 것이 있다. 설사 얻는 것이 무엇인지 정확하게 헤아려지지 않거나 전혀 보이지 않는다 해도 분명히 얻는 것이 있다. 동시에 올 수도 있고 순차적으로 올 수도 있을 뿐이다.

실패나 좌절, 상처와 같은 아픔이 있을 때 오로지 잃는 것만 보이는 경우가 많다. 아픈 만큼 성숙한다는 말에서 볼 수 있듯이 실패나 좌절, 상처와 같은 아픔을 통해서 얻는 것도 있다. 당장 아픔을 통해서 얻는 것이 무엇인지 보이지 않는다고 해서 얻는 것이 없다고 생각하면 안 된다. 얻는 것이 보이지 않는다고 잃는 것만 생각하면 모두 잃는 것이고 생각의 치우침이다. 우리는 과거의 현상과 행위를 통해서 반드시 얻은 것이 있고, 현재의 현상과 행위를 통해 반드시 얻는 것이 있고, 미래의 현상과 행위를 통해 반드시 얻을 것이 있다.

무엇이든 얻음과 잃음이 동시에 존재한다는 사실을 늘 생각하고 몸으로 느껴야 한다. 얻고자 함을 얻지 못했을 때 실패라고 생각하면 모두 잃는 것이고, 실패를 교훈으로 얻는 사람은 본연의 얻고자 함은 아니지만 실패의 고통을 얻음으로써 새로운 길을 준비한다. 이것이 통합적 사고방식이다.

최근에 이야기하는 긍정의 힘, 시크릿 원리, 끌어당김의 원리도 마찬가지이다. 처음 얻고자하는 바를 얻지 못해도, 이번에는 실패했지만, 지속적으로 얻고자 함이 있음을 추구하는 방법이다. 이러한 노력이 반드시 있어야 얻는다. 성공적인 삶의 추구도 막연하게 잘 살고 싶다 하는 것이 아니다. 지금 살아 있는 사실에 감사하고, 자기 성찰을 할 때 성공의 길이 얻어진다. 당장 얻음이 없다고 자기 학대를 하는 행위는 결국 얻는 것이 없다.

사고방식은 매우 중요하다. 생각에 따라 결과가 크게 달라지기 때문이다. 성찰을 한 사람은 성공의 길로 간다. 반성이란 틀로 자기 학대로 가는 사람은 실패의 길로 간다. 성찰은 통합적 사고이고 반성은 이분법 사고이기 때문이다. 사고방식은 삶에 중요한 요소이다. 살아 있음에 감사하고, 건강한 삶으로 살아가는 현재 상황이 '얻는 것이 있다'라는 긍정 모드로 전환하면 얻어지는 것이 풍부해진다. 감사 파동 원리이다. 항상 살아 있음에 감사를 느끼면, 감사할 일이 많이 생긴다.

둘째, 이게 어디야

지금 자신이 얻은 것 그리고 가진 것에 만족하는가? 만족스럽다면 행복한 편이고, 만족스럽지 못하다면 불행한 편이다. 적은 것으로 만족하기는 힘들다. 많다고 해서 모두 만족하는 것도 아니고, 만족해서 행복하기란 쉽지 않은 일이다. 행복해야 만족할 수 있다는 말이 더 설득력 있게 들린다.

행복과 만족의 관계처럼 행복과 성공의 관계도 같다는 연구 결과도 있다. 미국 캘리포니아주립대 심리학 교수 소냐 류보머스는 연구를 통해 성공은 행복의 결과라고 밝히고 있다. 성공하면 행복한 것이 아니라, 행복해야 성공한다. 개인적인 차이가 크고 무한욕구를 가진 인간에게 만족은 불가능할지도 모른다. 이유는 기준이 자주 바뀌고 상대적이기 때문이다. 나의 기준이 아니고 남과 비교해서 결정하기 때문이기도 하다.

우리의 삶은 비교하면서 행복과 불행을 반복한다. 불행한 일이 발생하면 한탄과 억울함을 먼저 생각한다. 지금 주어진 여건과 가진 것에 대한 감사보다 원망스러운 감정이 더 크게 작동한다. 상황의 중대성과 고통의 수준이 다르기는 하지만 지금 겪고 있는 불행보다 더 악화될 수 있다는 사실이 존재한다. 당장 지금의 불행에 대해 원망을 한다. 이러한 상황에서 지금보다 더 불행하지 않도록 만드는 사고 전환이 '이게 어디야'이다. 지금 상황에 대한 만족과 감사의 표현이다. 이것을 실천하기는 매우 어렵다. 저자의 경우도 많은 시간을 공부하면서 이 부분이 가장 힘들었던 부분이 아니었나 싶다.

사람은 불행스러운 일이 터지면 일단 비난하거나 원망한다. 열심히 살았는데 왜 이런 일이 생기는 것일까? 또는 전생에 무슨 죄를 지었기에 일어나는가? 주어진 팔자가 이런가? 등 많은 생각을 먼저 하게 된다. 이 과정을 거쳐 시간이 흐르고 곰곰이 생각해 보면, 내가 받아들일 수밖에 없는 현실을 볼 수가 있다. 고뇌와 수행을 통해서 나와 나의 가족이 먹고사는 문제를 해결할 수 있는 육체와 정신의 긍정적인 면을 찾게 된다. '이게 어디야'를 할 수 있는 단계가 온다. 혹자는 '이게 어디야'하면서 만족하고 행복해 하다 보면 더 이상의 의욕이 없어져 나태해지지 않을까를 염려한다.

지금 살아오며 있는 상태가 '이게 어디야' 하는 것은 긍정적인 사고방식을 일으킨다. 이것이 또 다른 사고방식으로 이어져서 삶의 방식을 바꿀 수 있다. 목표나 목적을 향해 다가갈 엄두가 나지 않아 의욕을 상실했을 때 '이게 어디야'가 받쳐주는 힘으로 얻고자 하는 목적까지 이끌어 준다. '이게 어디야'로 받쳐주는 힘과 얻고자 함으로 이끌어 주는 힘이 맞물려 균형을 이루면 다른 차원의 긍정의 힘이 발휘된다.

어려운 문제가 없으면 자기가 잘 나서, 능력이 있어서 모든 일이 잘 된다고 착각한다. 자존감이 높아지기도 하지만 반대의 상황이 발생하면 남을 비난하거나 자신을 비하한다. 이럴 때 지금 살아 있음에 감사하고 건강한 육체가 있음에 감사하며 부정적인 측면보다 긍정적인 마인드로 컨트롤해야 한다. 그 방법이 '이게 어디야'이다. 사고방식 전환의 키워드이다.

셋째, 잃어야 얻는다.

받으려면 먼저 주어야 하고, 얻으려면 먼저 잃어야 한다. 주지 않고 받을 수 없고, 잃지 않고 얻을 수 없다. 이것은 우주 자연의 이치이다. 이치는 사실이다. 사실이란 있는 그대로 당연함이다. 주어야 받고 잃어야 얻는다는 맞물림 균형의 이치는 단순한 긍정이 아니라 사실이다. 긍정과 사실은 차원이 다르다. 긍정은 좋게 생각하는 생각 차원이고, 사실은 당연히 그럴 수밖에 없는 현실 차원이다. 긍정은 자신을 스스로 위로하는 자신의 힘이지만, 사실이란 우주 자연의 이치로 펼쳐지는 우주 자연의 힘이다. 사실의 힘은 누구도 거부할 수 없을 만큼 강하다.

세상의 모든 행위와 현상은 목적이 있어 일어난다. 그 목적은 얻고자 함이다. 목적인 얻고자 함을 위해서는 반드시 잃어야 함이 맞물려야 한다. 우리가 세상을 살면서 하는 모든 행위는 궁극적으로 받고 얻기 위해서이다. 일상생활은 말할 것도 없고, 스님들이 말하는 무소유도, 마음 비우기도 결국 평안한 상태를 얻기 위해서 버리고 비운다.

고진감래(苦盡甘來)라는 말이 있다. 쓴맛이 다하면 단맛이 오듯이 고생 끝에 즐거움이 온다. 즐거움의 단맛을 보려면 먼저 고생의 쓴맛을 봐야 하고, 즐거움을 얻으려면 먼저 고생해서 잃어야 한다. 얻음은 잃음과 맞물려 있다. 행복과 성공도 마찬가지다. 행복은 불행과 맞물리고, 성공은 실패와 맞물려 있다. 불행이 있어야 행복이 있고, 실패가 있어야 성공이 있다. 불행이 없으면 행복도 없고, 실패가 없으면 성공도 없다. 우주는 음양의 조화가 없으면 존재할 수 없다. 잃는 것이 음이고 얻는 것을 양이라 한다.

잃어야 얻는다. 그러니까 불행해야 행복이 얻어지고, 실패해야 성공이 얻어진다. 먼저 불행하지 않고 행복을 얻을 수 없고, 먼저 실패하지 않고 성공을 얻을 수 없다. 그런데 잃지 않고 얻을 수는 없는 것인가? 물론 잃지 않으면서 먼저 얻을 수 있다. 그러나 먼저 얻으면 뒤이어 잃게 된다. 갑자기 행운이 오면 불행이 따르고, 느닷없이 성공하면 실패가 뒤를 잇는다.

갑작스러운 행운이 불행의 씨앗이 되는 일은 복권에 당첨된 사례에서 잘 나타난다. 신문에서 보도하듯, 복권 당첨금으로 큰돈을 만지게 되면 여러 가지 유혹에 빠져 방탕한 생활을 하거나 실패하기 쉽다. 자신에게 닥친 행운을 잘 운영할 능력이 없으면 행운이 불행으로 뒤바뀌고 만다. 행운은 잃은 만큼 얻는 게 아니라 거의 잃지 않으면서 얻는 것이다. 잃은 만큼 얻어야 맞물림 균형이다.

잃지 않으면서 얻으면 치우침이고, 치우침이 지나치면 무너진다. 잃은 만큼 얻고, 불행한 만큼 행복하고, 실패한 만큼 성공해야 얻은 행복과 성공이 유지될 수 있다. 왜냐하면 불행하고, 실패하고, 잃은 만큼 다져진 경로가 행복과 성공을 운영할 그만큼의 능력을 줄 수 있기 때문이다.

행복이나 성공은 계속 유지되어야 진정한 행복이고 성공이다. 진정한 행복과 성공은 갑작스러운 행운으로 얻어지지 않는다. 먼저 잃으면서 얻을 때, 잃은 만큼 행복과 성공을 얻었을 때 진정한 행복과 성공이 가능하다. 철학자 김용옥은 "미래의 쾌락을 위해 오늘의 고통을 인내하는 의식적 행동이 바로 이성의 출발"이라고 설파했다.

잃어야 얻는다는 것은 자연의 원리이고 삶의 원리이다. 우리가 원리를 잘못 이해하고 있는 것은 두려움과 잃음에 대한 경험이 없어서 무조건 잃지 않고 얻으려고 하기 때문이다. 잃지 않고 얻을 수 있다면 우주는 멸망하고 없다. 반드시 잃어야 얻고, 고통이 전제되어야 성공하는 것이 우리 현실이다. 이것을 잘 실천하는 사람이 인간관계를 잘하고 생존력도 높아진다.

가르치는 선생도 잘 가르치려면 자기 고통과 구속력이 높아야 수업준비를 잘하고 잘 가르칠 수 있다. 늘 옛날 방식으로 가르치면 잃음이 별로 없기에 학생이 얻는 것이 별로 없다. 가르침도 배움도 잃어야 얻을 수 있고 비워야 채울 수 있다. 빈 컵을 비우지 않고 물을 채울 수 없다. 늘 비우고 채우고 하는 것이 자연의 이치이다. 무한욕심으로 잃는 것에 대한 두려움 때문에 실천이 어렵다.

이제는 이런 사고방식은 생존에 불리하다. 맞물림 원리를 공부하면서 가장 중요한 부분이라고 생각했던 것 중 하나이다. 먼저 손해 본다는 것은 매우 힘들다. 사람은 얻는데 치우쳐 있기 때문에 잃는다는 것은 두렵다. 하지만 곰곰이 생각 보면 참으로 무지하지 짝이 없다. 술잔에 술을 받으려면 잔을 비우고 받아야 하는데 그냥 술을 받을려고 하는 것과 다를 바가 없다.

무엇이 되었든 간에 먼저 손을 내밀고 받을 것을 요청해야 한다. 회사조직이든 가정이든 이런 사람을 좋아한다. 손해 볼 줄 아는 사람이 장사를 잘 한다는 말이 있다. 손 큰 사람이 성공해도 크게 성공한다는 말도 있다. 맞는 말이다. 힘듦을 잘 받아들이는 원리가 '잃어야 얻는다'이다. 처음에는 매우 힘들겠지만, 사고방식을 바꾸면 인생이 변한다.

2장
인간의 두 가지 욕구와 그 충족방식

생존욕구와 존재욕구

마케팅 책이나 전공서를 보다 보면 Needs와 Wants라는 단어를 자주 접하게 된다. 사전을 찾아보면 Needs란 '필요 인식으로부터 유발되는 소비자의 욕구', Wants는 '구체적 욕구'라고 정리되어 있다. 무슨 의미인지는 이해가 안 된다. Needs는 생존욕구 충족을 위한 기본바탕이고, Wants는 존재욕구 충족을 위한 욕구이다. 사람은 두 가지 욕구 충족을 위해서 부단히 노력하고 있다. 욕구는 끝이 없다. 따라서 사람 관계에서 많은 문제가 발생한다. 손해를 덜 보고 많은 것을 갖고자 하는 근본적인 욕구 때문이다. 얻을 수 있는 것은 한계가 있다는 사실을 인지하지 못한다.

인간의 욕구에 대한 이론은 심리학 분야에서 연구하며 정립하고 있다. 인간의 욕구에는 무엇이 있을까? 식욕, 성욕, 수면욕, 성취욕, 소유욕, 명예욕, 권력욕 등을 나열할 수 있다. 욕구의 다양성 때문에 나열하기가 어려울 정도이다. 학문적으로 논하면 미국 Abraham Maslow의

욕구이론을 많이 인용하고 있다. 심리학이나 경영학, 사회계열에서 공부하는 욕구 5단계 이론이다. 생리적 욕구(Physiological needs)를 만족하면 그 다음 안전욕구(Safety needs)를 추구하고 안전의 욕구가 채워지면 사랑과 소속의 욕구(Belonging), 그 다음 단계로 존경의 욕구(Esteem)이고 마지막 단계인 자아실현(Self-actualization)이 채워진다고 피라미드 형태의 이론을 주장했다. 맨 하단에 생존욕구가 채워지면 다음 단계인 바로 상급 단계를 추구한다는 계단형 욕구 5단계를 주장했지만, 한 단계가 만족해야 그다음 단계로 올라간다는 단계론적 욕구 충족 이론은 지금 상황에서는 맞지 않다고 생각한다.

생존욕구가 충족이 안 되어도 중간에 2~4단계를 무시하고 바로 5단계인 자아실현을 위해서 출가하거나 성직자 길을 가는 것을 어떻게 해석할 수 있을까? 또는 생존이 어려워도 정치에 뛰어들어 존경의 욕구를 채워보자고 하는 사람들도 많다. 이 이론은 이미 80년 전에 주장했던 것이며, 현재 사회는 반드시 단계적 욕구 충족이 아니다. 그 당시에는 설득력이 있었는지 모르지만, 현재는 설득력이 부족하다. 하위욕구를 채워야 다음 단계로 간다는 피라미드 형태론을 제시하였으나 그렇지 않은 사람들이 얼마든지 많기 때문이다.

따라서, 현재 사회에는 욕구론 이론을 적용하기가 무리이다. 그동안 공부한 맞물림 원리로 정리 해보면, 인간의 욕구는 근본적으로 두 가지일 뿐이다. 하나는 생존욕구이고 다른 하나는 존재욕구이다. 생존욕구란 개체가 생명을 유지하려는 욕구이며 유한한 것으로 죽는다는 전제로 시작된다. 생존욕구는 유한하고 표면적이며 보이는 것이고, 외적인 활동을 통해서 욕구를 추구한다. 인간이 살아가려고 노력하는 기본욕구이다. 탈북민을 보면 잘 이해할 수 있다. 먹고사는 생존욕구 충족을 위해서 목숨을 걸고 그 험한 길을 짧게는 3개월 길게는 2년 동안 타국에서 헤매도 한국에 안착하려고 한다.

생존욕구 충족을 위해서 목숨을 담보하는 모습이다. 존재욕구란 무한하고 내면적이며, 보이지 않고 내적인 활동을 통해서 욕구를 추구한다. 존재욕구는 행복하게 살고 싶고, 남보다 우월하게 살고 싶고, 멋있게 살고 싶은 욕구이다. 생존욕구가 나를 중심으로 하는 욕구 충족이고 존재욕구는 나와 타인을 비교해서 우위에 있으려는 욕구이다. 좋은 차를 갖고 싶고 명품 핸드백을 소지하고 싶고 좋은 집에서 살고 싶고 비교를 통한 욕구 충족이다. 나의 기준보다 타인 기준으로 욕구 충족을 하려 한다.

인간은 욕구 충족에 있어 생존욕구가 만족되면 존재욕구 충족을 위해서 부단히 애쓴다. 반드시 생존욕구를 채우고 존재욕구를 추구해야 한다는 것은 아니지만 이것이 잘 사는 순서이다. 존재욕구를 먼저 추구하고 생존욕구를 추구하면 잘 살 수가 없기 때문이다. 많은 사람이 여기서 착각한다. 존재욕구를 추구하면 맞물려서 생존욕구가 추락한다. 잘난 척하는 사람이 생존력이 낮아지는 것을 얼마든지 볼 수 있다.

사람의 기본욕구는 살아 있으려는 생존욕구와 무한대로 추구하는 존재욕구가 맞물려 있다. 살아있음의 생존욕구를 더 연장하여 오래 살기를 기대한다. 유한한 생존욕구와 무한을 추구하는 존재욕구가 뒤섞여 영원한 삶을 살고자 하는 욕구가 발생한다. 이것은 욕구 충돌이며 모순이다.

욕구가 채워지면 만족하고, 채우지 못하면 불만을 가진다. 문제는 돈이든 명예든 성공이든 무엇이든 간에 한계가 없이 무한대로 추구하면서 삶이 힘들어진다. 심지어는 유한하게 태어난 생명까지도 무한대를 추구하는 어리석은 시도를 한다. 누구나 행복한 삶을 추구하지만, 행복도 마찬가지이다. 욕구가 채워지면 행복하고 아니면 불행하다고 생각한다.

행복의 기준은 자신이 아니고 비교 대상인 타인이기에 늘 변하는데 문제가 있다. 행복의 기준이 나도 변하고 상대도 변하기 때문에 만족하지 못하는 데도 불구하고 행복을 추구한다. 일반론적 행복은 절대적이 아니고 상대적이며 근본적인 행복은 절대적으로 추구하는 존재욕구이다. 존재욕구의 정의는 매우 어렵게 느껴진다. 그만큼 사람의 욕구가 다양하고 무한하기 때문이다.

생존욕구는 사람과 동물, 생명을 가지고 있는 존재는 똑같은 욕구이다. 존재욕구는 사람에게만 있는 특별한 욕구이다. 모든 생명체는 살아있으려고 노력하지만 죽음으로 끝을 맞이하게 된다. 사람은 죽음으로 끝을 맞이하면서도 끝이 없음을 얻고자 늘 애쓰는 욕구가 있다. 아무리 나이를 먹은 노인이라 해도 오래 살고자 노력하는 것을 보면 알 수 있다. 사람에게는 영원히 살고 싶어 하는 욕구가 존재한다. 이것이 존재욕구이다. 더 나가면 영생을 추구하게 된다.

사람이 사는 곳은 어디든지 종교적인 행위가 없는 곳은 없다. 토속신앙이든 무속신앙이든 그 무엇이 되었든 간에 자기들만이 추앙하는 무엇인가를 믿는다. 사람들은 무한하게 존재할 수 있다는 확실한 믿음을 주는 종교를 선택하여 신앙인이 되거나 믿음이 가지 않으면 종교를 선택하지 않고 비신앙인으로 살아간다. 그러나 무신론자도 결국 종교인이다. 믿지 않는 것도 믿음이 되기 때문이다. 종교는 사람만이 추구하는 존재욕구 때문이다. 가장 큰 이유는 죽음이라는 끝의 불안감을 회피하기 위해서이다. 인간은 선택하든 선택하지 않든 만족하게 살 수가 없다. 잠깐잠깐 살아가는 것을 만족할 수 있겠지만, 누구에게나 있는 존재욕구를 채울 수 없기에 삶이 끝나는 죽음의 두려움에서 벗어나기 어렵다.

빈자가 죽을 때 힘들까, 부자가 죽을 때 힘들까? 부자가 더욱 고통스럽다. 가진 것이 많으니 걱정도 많다. 공수래공수거(空手來空手去)라는 말은 하지만 실천은 어렵다. 이유는 남과 비교하는 존재욕구 때문이다. 생존욕구와 존재욕구의 맞물림 상태가 가장 행복하고 유용한 상태이다. 이것 또한 살아가면서 실천해 가는 것은 매우 어렵다. 생존욕구가 안정되어야 존재욕구를 추구하기 때문이다. 한평생을 100세라고 보았을 때 30세까지는 생존을 위한 기반을 세우고, 60세까지는 생존을 위한 많은 노력을 하며, 60세 이후가 되면 존재욕구를 위한 시간이 되도록 노력해야 한다.

생존욕구는 자신의 독립성과 타인과의 의존성이 맞물려야 유용해지는데 이것을 생존능력이라고 한다. 사람들 관계에서 의존과 독립의 균형을 이루는 것을 인간관계 사회성이라고 한다. 의존성이 커지면 늘 누군가의 도움으로 살아가고 독립성만 커지면 삶이 그만큼 힘들다. 그래서 균형 있는 삶이 생존에 매우 유리하다. 생존력이 떨어지거나 사회적응력이 부족하다는 것, 인간관계를 못 하는 것은 자신과 상대의 불균형 상태가 지속되기 때문이다. 교육기관은 전문지식을 교육하는 것도 중요하지만 인간관계를 잘 할 수 있는 균형의 원리를 교육하여 사회에 필요한 인재 육성, 길을 찾는 사고방식을 학교에서 가르쳐야 한다. 우리 현실은 일등주의만 중요하다고 교육하고 후 순위는 패배자가 되는 것처럼 취급하고 경쟁의 장을 만들고 있다.

자기만 늘 유리하면 상대는 불리하게 되는 것이 자연의 원리이다. 잘 생각해 보면 참으로 무모한 짓을 반복하고 있다. 자기만 유리하고 잃지 않고 얻으려고 하는 사고방식이 옳다면 세상에 공짜가 있어야 한다. 공짜가 있다는 것을 증명할 수 있을까? 이렇듯 우리는 모순된 사고방식으로 좋은 결과를 얻고자 노력하는, 모순된 교육을 하고 있다.

공짜 없는 세상을 공짜로 살려고 애쓰지 말자. 애쓴 만큼 잘 살 수 있다는 평범한 진리를 실천하는 것을 순리라 한다. 정보가 넘치는 이 시대에 많은 사람은 짧게 얻는 정보를 진리라고 생각하는 사람도 많다. 정보는 살아가는 팁이고, 진정한 정보는 생존에 유리하게 작용하는 원리를 터득하여 인간의 욕구를 충족하는 것이다. 인간이 욕구 충족을 위해서 부단히 노력하는 것은 당연하지만 생존욕구인지 존재욕구인지 구분도 안 되고 생존은 기본적으로 되니 존재욕구만 추구하는 사회시스템이 사람 관계에서 갈등으로 인한 투쟁의 시간을 보내고 만다.

사람은 숨을 쉬고 있는 순간순간 모든 것이 욕구 충족을 위한 행위이다. 당신은 지금 생존욕구를 충족하기 위해서 움직이고 있는가? 아니면 존재욕구를 충족하기 위해서 움직이고 있는가? 생존욕구는 하나의 개체가 생명을 유지하려는 차원이고, 존재욕구는 전체 우주와 하나되어 경계 없는 상태를 추구하는 차원이다. 따라서 생존유지의 안전성은 개체와 개체 사이의 관계에서 얻어지고, 존재유지의 지속성은 개체와 전체 세계의 관계에서 얻어진다.

심리학자이며 철학자인 에리히 프롬은 그의 책 『소유냐 존재냐』에서 인간의 실존적 문제를 '소유하는가? 또는 존재하는가?'로 구분하고 있다. 그가 말하는 '소유와 존재'는 이기심과 이타심의 문제로 다루고 있다. 그의 구분방식을 좀 더 명료하게 근본적인 두 가지 욕구와 연관시켜 정리해 보면, 생존욕구를 충족하기 위해서 소유해야 하고, 존재욕구를 충족하기 위해서는 자기중심적인 아집을 버려야 한다고 좀 더 명확하게 정리할 수 있다.

인간의 욕구는 하나의 개체로 생명을 유지하는 생존욕구만으로 끝이 나지 않는다. 전체 세계와 하나가 되어 존재를 유지하려는 더 높은 차원의 존재욕구를 충족하려고 한다. 인간은 축복과 동시에 고뇌가 맞물리는 선물을 받은 셈이다. 이것을 인생의 궁극적인 목적이라 할 수도 있다. 생존욕구를 통해서 존재욕구를 채우는 것이 인생 여정이다. 그렇지만 삶에서 자신은 생존욕구 충족을 위한 행위인지 존재욕구를 행하는 것인지 구분을 하지 못하고 살아가고 있다.

요즈음 웬만한 사람이라면 소셜 네트워크 서비스(SNS)를 하며 사람들과 소통하고 있다. 사람들은 SNS를 통해 타인 그리고 세상과 대화하며, 동시에 공존감을 느낀다. SNS를 도구로 자신을 표현하고 알리는 즐거움이 과연 생존욕구 충족에서 오는 것일까, 아니면 존재욕구 충족에서 오는 것일까, 또는 두 욕구가 섞여 있는 것일까?

한양대 신문방송학과 김정기 교수의 말처럼 "나는 링크한다. 고로 존재한다"며 사람들이 SNS에서 충족감을 얻는다면 생존이 아니라 존재를 위한 쪽으로 기울어진다. 물론 홍콩이나 남미의 시민혁명에서 보듯이 SNS를 통해 세계의 공감과 동참을 이끌어냄으로써 부정·부패를 무너뜨리면서 생존을 위한 쪽으로 기능하기도 한다. 온라인 마케팅을 하는 사람이나 대중강의를 하는 사람은 자기 존재를 알려야 하기에 생존욕구 비중이 크다. 그러나 일반적인 사람은 취미로 하거나 나의 존재를 확인하는 수단으로 사용한다. 이렇게 생존을 위해 도움이 되는 순기능보다 존재를 드러내고 확인하다 보니 생존이 불리해지는 역기능이 훨씬 더 다양하고 깊다.

자신의 긍정적 이미지를 꾸며내고, 거짓 왜곡된 정보가 난무하고, 무분별하게 휩쓸리면서 일어나는 사회적 혼란은 결국 SNS를 통해 자신의 존재를 드러내고 확인하려는 욕구에서 비롯된다. 이러한 사회적 혼란은 서로의 생존을 위해 형성한 사회적 생존의 기반을 위협하는 결과를 가져올 뿐이다. 다시 한 번 생각해 보자. 지금 자신은 SNS를 통해서 생존하려고 하는가, 존재하려고 하는가?

생존은 본능적인 동물성 차원이고, 존재는 이성적인 신성 차원이다. 이성은 인간 속에 내재한 신성이라고 말하기도 하고, 인간과 다른 동물을 구분 짓는 특질로 여기고 있다. 인간은 생존을 위해서 무리를 짓는 동물성 차원을 가지고 있고 동시에 존재를 위해서 무리를 떠나는 신성 차원을 가지고 있다. 인간이 다른 동물과 달리 인간답게 사는 길은 동물성 차원의 생존과 신성 차원의 존재를 각기 다른 차원에서 추구하여 맞물림 균형을 이루게 하는 것이다.

동물성 차원의 생존은 자신의 외부에서, 그리고 신성 차원의 존재는 자신의 내면에서 추구할 수 있다. 하나의 개체로 분리된 생명이 유지되려면 자기 외부에서 생존욕구를 해결해야 하고, 전체 세계와 하나로 통합된 존재가 유지되려면 자기 내면에서 존재욕구를 해결해야 한다. 그렇지 않고 자기 외부에서 동물성의 생존과 신성의 존재를 함께 추구하면 서로 엉켜버려 결국 생존의 효율성이 떨어지고 만다. 생존은 사회관계를 통해서 얻어야 하고 존재는 자기 내면에 있는 존재를 찾아야 한다. 이것이 어렵다 보니 존재도 내면이 아닌 외부에서 찾는 것이다. 즉, 생존욕구는 외부에서 존재욕구는 내면에서 해결해야 한다.

SNS는 자기 외부와의 소통을 위한 도구이다. 자기 외부와의 소통은 생존을 위한 길이다. 존재를 위한 소통은 자기 외부가 아니라 자기 내면에서 이루어져야 한다. 생존은 자기 외부에서, 존재는 자기 내면에서, 이렇게 차원이 다른 두 욕구가 같은 차원에서 엉키지 않고 각각 다른 차원에서 추구될 때 인간이 인간다운 삶을 이룰 수 있다.

생존의 차원은 자기 외부에서 정치와 경제 활동을 통해 추구되고, 존재의 차원은 자기 내면에서 종교와 수행을 통해 추구될 때, 생존의 효율성이 높아져 생명을 건강하게 유지할 수 있으며, 전체와 하나로 통합된 존재를 유지할 수 있게 된다. 존재감이란 단어를 자주 사용하고 있다. 존재감이란 단어에 존재가 포함되어 있다.

존재감이란 내가 아닌 것으로부터 나를 확인하는 것이다. 내가 나를 확인 할 수 있어야 하지만 이것은 수행자가 아니고 불가능하다. 그래서 살아 있는 나, 잘난 나, 아름다운 나, 능력 있는 나, 잘 생긴 나 등 남과 비교해서 잘난 것을 비교하거나 우월함을 느끼고자 하는 것이 존재감이다. 확인이 잘 안되면 나 자신이 존재감이 없다고 느껴 다른 짓을 하거나 우울증에 시달리기도 한다. 그래서 SNS를 올리고 반응이 없으면 글의 내용이 점차 과격해지고, 그런 방식으로 사람들한테 자기 존재를 확인한다.

사람은 무엇에 비교하여 우위에 있어야 존재감이 유지된다. 늘 우위를 지키는 것이 거의 불가능하다. 그래서 엄청난 시간과 비용을 지불하며 존재감을 확인하려고 한다. 이런 행동이 사회를 병들게 하고 개인의 생활도 어렵게 한다. 존재감을 이런 방법으로 확인할 수밖에 없을까? 생존욕구와 존재욕구를 구분하지 못해서 생긴 일이다. 어렵지만 구분하는 지혜가 필요하다.

얻고자 함이 목적이다

나는 어느 강의든 시작 첫날 수강생들에게 질문을 한다. 왜 이 강의를 신청했는가? 수강생들은 잠시 얼떨떨한 표정을 짓다가 한마디씩 한다. '재미있을 것 같아서', '뭔가를 배우기 위해서', '자기계발 하고자', '점수를 채우기 위해서' 등이다. 어느 강의나 대답이 비슷하다. 학생들은 수업 시간이 되면 강의 듣고 마치면 집으로 돌아가는 통상적이고 익숙한 패턴이 연속된 생활을 한다.

'이 수업을 왜 신청했는가?'라는 질문은 '이 수업을 듣는 목적이 무엇인가?'라는 질문이다. 대부분 수강생은 구체적으로 생각하지 않고 결정하기 때문에 대답이 거의 비슷하다. 일부 수강생은 '재미 삼아' 또는 '학점 따러', '공강을 때우기 위해서'라는 수업을 통해서 얻고자 함이 명료하지 않은 답을 한다. 목적은 있으나 구체적으로 생각을 안 했다는 말이다. 사람마다 공부의 목적이 다양할 수는 있으나 목적은 명료해야 하는데 그것마저도 두리뭉실하다. 목적이 무엇인지 생각을 하지 않고 선택하고 행동한다. 이렇게 되면 얻을 것이 있을까? 얻으려는 것이 명료하지 않은데 무엇을 얻는다는 말인가? 수업을 신청하는 목적이 명료하지 않으니 수업을 잘 들을 필요도 없다.

모든 행위는 발생하는 목적이 있다. 지구상에 발생하는 모든 행위는 반드시 목적이 있어서 일어난다. 사람이 어떤 행위를 한다는 것도 목적이 없으면 행위 자체가 일어날 수 없다. 일부 학생들은 무의식적으로, 아무 생각 없이, 목적 없이 학교와 강의실을 왔다 갔다 한다. 이것은 학생들의 문제만의 아니다. 모든 사회에서 일어나는 현상이다.

질문이 명료해야 답이 명료하다. 자기 자신한테도 마찬가지이다. 자신이 행동하는 것에 대해 질문을 늘 해야 한다. '왜 이것을 할까?', '무엇을 얻고자 하는가?' 이것을 생각해 보는 일상의 생활이 되어야 한다. 스스로 질문하고 답을 구하는 사고방식이 필요하다. 답은 생존욕구를 기준으로 해야 삶의 경쟁력이 생긴다. 많은 사람이 기준이 없다보니 생존욕구와 존재욕구가 뒤섞기거나 아무 생각 없이 결정한다. 이렇게 결정하면 생존력에 도움이 안 된다는 사실 조차도 모른다. 생존욕구와 존재욕구가 명료하게 구분되는 것은 아니다. 무엇을 선택할 때 생존의 비중이 높은지 낮은지 판단하고 결정해야 한다. 이것을 잊지 않고 판단해야 목적을 명료하게 하는 생각의 틀을 확장하는 계기가 된다.

지금 이 책을 읽고 있는 여러분은 책을 읽는 행위는 어떤 욕구에 의해 일어난 것이고, 어떤 욕구 충족을 목적으로 하고 있는가? 이 책을 통해서 강의를 잘 하는 데 도움이 되거나 사업을 준비하기 위한 정보력을 얻기 위함이면 생존욕구 비중이 높고, 책 읽는 것이 취미라면 존재욕구에 가깝다. 취미는 생존욕구가 안정되어야 추구하는 존재욕구에 가깝기 때문이다.

행위의 동기 요소는 욕구이고 목적은 욕구 충족이다. 책을 읽게 된

동기와 근본 목적은 두 가지 욕구인 생존욕구 아니면 존재욕구이다. 자신이 무엇을 하며 살아야 할지를 찾고 싶어서 책을 읽게 되었다면 생존욕구가 동기와 목적이다. 시간을 보내기 위해서나 재미로 보는 것은 생존과 직접적인 연관되지 않았으므로 존재욕구가 동기와 목적이 된다.

뚜렷하게 얻으려는 목적이 없이 하는 행위는 쓸데없는 허튼짓이 되고 만다. 목적이 명료하면 힘든 것도 당연히 해야 하는 것으로 되기에 열심히 할 수밖에 없다. 반대로 목적 없는 행위는 지겹고 허망한 결과로 이어지기 때문에 힘들 수밖에 없다.

생존욕구와 존재욕구를 구분한다는 것이 쉽지 않다. 자신이 하고 있는 일이 무엇을 얻고자 하는 것인가를 생각해야 한다. 그래야 기준이 조금씩 와 닿는다. 그렇지 않으면 스스로 의미 가치를 부여해도 기껏해야 잠시 기쁨이나 즐거움을 주는 정도에 그치는 것에 불과하다. 회사를 다니는 목적이 무엇일까? '먹고 살기 위한 생존이다.'라고 설정하면 힘든 일이라도 당연하게 받아들일 수 있다. 존재욕구에 기준을 두면 업무의 역할보다 내가 이런 일을 하려고 대학 나온 것은 아니라고 자신을 남과 다른 또는 잘난 나로 포장해 놓으면 일이 힘들어 결국 중도 하차한다. 먹고사는 생존은 당연하게 해야 하는 것이지만 존재욕구는 당연하게 받아들이지 못하기 때문이다. 그래서 목적을 명료하게 하는 사고의 방식을 습관화해야 생존에 유리하다.

주위에 보이는 물건을 잘 보자. 책상, 휴대폰, 볼펜, 테이블, 텔레비전, 노트북 등 눈으로 보이는 것은 모두 목적이 있어서 그 자리에 있다. 인생도 마찬가지이다. 많은 철학자, 인문학자, 수행자들도 인생의 궁극적인 목적을 얻고자 고행을 한다. 고행의 목적이 명료하지 않으면 결국 의미가 없기에 허무해진다. 목적에 쓸모가 없으면 의미가 없다. 결국 삶에 대한 회의를 느끼고 존재욕구 확인을 위한 수단으로 전락한다. 인생의 목적이 무엇인가 생각해 보자.

항상 본질적인 질문에 답을 찾자.
삶의 목적은 무엇인가? 삶의 가치는 무엇인가?
우리는 왜 존재하는가?

홍콩의 학자 마스터 난은 다음과 같이 주장한다. "소자아와 대자아는 동일한 근원에서 나온다. 전 우주는 하나의 커다란 대자아이다. 종교인들인 그걸 '신'이라 부른다. 철학자들은 본질이라 부르고 과학자들은 '에너지'라 부른다. 불교 신자는 '아트마'라 하고 중국인은 '도'라고 하며 아랍인들은 '알라'라 부른다. 그러니까 어떤 의미에서 세상 사람들은 궁극적인 무엇인가 알고 있는 셈이다. 종교인들은 이것을 다르게 표현하는 것뿐이다. 궁극적인 그 무엇인가를 사람처럼 신처럼 만든 것이고, 그래서 신은 초자연적이고 온갖 능력을 갖고 있다. 이것이 종교이다."

과학자들은 물리적 실험을 통해서 밝히려 하고 철학자들은 논리를 이용해서 분석하고 지금까지 많은 노력을 하고 자기만의 주장을 펴고 있다. 삶의 목적은 우리의 영역이 아니기에 추론할 수밖에 없다. 하지만 목적은 분명하게 있는 것은 사실이다. 우주에 목적 없이 존재 하는 것은 없기 때문이다.

삶의 목적을 찾아서 많은 사람이 죽는 날까지 공부와 수행을 동시에 하고 있다. 종교를 통해서 다양한 공부를 통해서 삶의 목적을 찾는 사람이 얼마나 많은지 종교통계를 봐도 알 수 있고 유튜브를 보면 알 수 있다. 현대 종교의 가르침이나 유튜브 내용의 공통점은 지금의 삶만 잘 살면 된다고 한다. 맞물림 원리로 삶을 정리해 보면 인생이란 살아 있는 삶만 있는 것이 아니라 죽음까지 포함해야 답을 얻을 수 있다. 현세의 삶을 잘 살고, 죽음 통해서 궁극의 목적을 얻는 것이다. 현세만 잘산다고, 죽음만 잘 죽는 다고 얻어지는 것이 아니다. 현세의 삶을 균형을 이루고 살며, 다시 현세와 죽음이 균형있게 맞물려야 목적이 이루어진다.

목적의 힘과 작용원리

목적은 얻고자 함을 말하여 무의식에서 자동으로 욕구가 일어난다. 지금 자신이 원하는 상태는 욕구를 일으키고, 원하는 상태에 이르러 욕구가 충족되면 목적이 성취된다. 욕구는 행위의 동기이다. 행위를 일으키는 힘이 욕구로부터 동기로 작용한다. 목적이 욕구를 일으키고 동기를 부여한다면, 목적이 힘을 이끌어내는 근원이다.

2003년 릭 워렌의 『목적이 이끄는 삶』이란 책이 100만 부 이상 팔렸다. 책을 좀 본다는 사람과 종교가 기독교인은 거의 다 보았을 것이다. 목적이 무엇인지 잘 모르고 방황하는데 이 책이 나오면서 많은 사람이 열광적으로 보았다. 그런데 몇 번을 봐도 아직도 목적이 무엇인지 모른다는 사람들이 대다수일 것이다. 그만큼 목적을 정의하기가 어렵다.

삶의 목적은 개인의 성취감, 마음의 평안함과 행복감 이상의 것이며 가족과 직업 그리고 우리의 가장 큰 꿈과 야망보다 훨씬 더 크다. 우리가 이 땅에 사는 이유를 알고 싶다면, 모든 생각은 하나님으로부터 시작되어야 한다. 왜냐하면 우리는 그분의 목적을 위하여 창조되어 있기 때문이라고 정리되어 있다.

기독교적인 측면에서 보았기 때문에 타 종교인은 이해가 어려울 수도 있다. 삶의 목적이든 행동의 목적이든 추구하는 것이 기본욕구이다. 경영학의 이론에서도 모티베이션 과정은 충족되지 않은 욕구 또는 결핍으로부터 시작한다고 말한다. 욕구는 물질적, 심리적 결핍으로부터 발생하고, 목표지향적인 행동을 일으키는 동기를 부여한다. 충족되지 않은 욕구는 추진력을 자극하는 압력으로 작용한다.

지금보다 더 행복한 미래를 위해 노력한다면 미래의 행복이 목적이다. 현재의 상태가 불만족한 상태에서 욕구가 일어나고, 욕구를 충족하기 위해 행동을 일으키는 추진력을 자극한다. 목적하는 상태가 뚜렷하고 간절할수록 욕구 충족을 추진하는 힘이 커진다. 이것을 필요성이라 한다. 현재의 상태와 원하는 미래의 상태가 얼마나 차이가 나느냐에 따라 욕구와 동기와 추진력이 달라진다. 현재 상태와 원함의 차이가 필요성을 일으킨다. 이것은 생각하는 방식과 생각의 틀에 따라 다르게 나타난다.

만약 현재의 상태와 목적하는 상태가 같다면 욕구와 동기와 추진력이 일어나지 않을 것이다. 현재와 원하는 상태의 차이가 크다면 욕구와 동기와 추진력도 크게 일어날 것이다. 물론 너무 지나치게 차이가 크면 좌절이 되고, 차이가 너무 없어도 현실에 안주하며 무력해지겠지만, 가능한 범위에서는 차이가 클수록 추진력도 커지게 된다.

목적이 명료하면 힘을 이끌어내는 활력이 생겨난다. 우리의 삶이나 일상생활에서 활기가 떨어지는 이유는 목적이 명료하지 않기 때문이다. 아무리 사소한 행위라도 그 행위를 통해서 얻고자 하는 목적이 명료하면 활기가 일어난다. 목적이 명료하면 얻고자 함이 분명하고, 해야 하는 것을 당연하게 받아들이기 때문이다. 게다가 어떤 행위가 궁극적인 목적으로 명료하게 충족되면 더욱더 근원적인 활력이 더해진다.

취미로 등산을 한다고 하자. 재미를 위해서 산행한다면, 재미가 얻어질 때까지는 활기가 있다가 어느 정도 지나 재미가 시들해지면 활기도 떨어진다. 그런데 등산이 인생의 궁극적인 목적과 연결된다면 매우 활력적으로 한다. 종교에 비유하면 쉽게 이해할 수 있다. 종교를 믿는 목적이 영생과 연결된다면 매우 열성적이고 의미가 있다. 그냥 막연하면 목적이 없어서 다녀도 되고 안 다녀도 된다. 이렇듯 목적은 행위의 원동력이 된다.

사람은 누구나 목적이 있기에 목적을 달성하면 새로운 무엇인가 찾기 마련이다. 그만큼 목적의식이 중요하다. 목적은 현재의 결과를 낳는 원인이다. 행복해지기 위해서 지금 열심히 생활하고 있다면, 현재 생활은 행복해지기 위해서라는 목적이 원인이 되어 낳은 결과이다. 목적이 현재의 결과를 낳은 원인이므로 이것을 목적 원인이라고 부른다. 미래 지향적 꿈을 실현하기 위한 지금 현재를 말한다.

한편 현재는 과거의 원인이 낳은 결과이기도 하다. 과거의 작용이 현재의 결과를 낳은 원인이므로 이것을 작용 원인이라고 부른다. 아리스토텔레스의 목적론적 세계관 이래로 원인에 대한 개념이 목적과 작용으로 압축되었다. 이처럼 현재의 결과는 두 가지 원인이 맞물려 있다. 과거의 작용 원인과 미래의 목적 원인이 둘이 맞물려 현재의 결과를 낳았다. 미래의 원인이 현재의 결과를 낳는다는 것이 언뜻 의아하게 여겨질지 모르지만, 일상을 잘 살펴보면 흔하게 벌어지고 있음을 알 수 있다. 지금 일요일인데 연구실에서 열심히 책을 쓰고 있다. 현재 상황이다. 과거부터 원고를 정리하고 자료를 찾고 해서 지금 쓰고 있는 것은 올해 책을 완성하려는 미래의 시간과 맞물려 지금 열심히 쓰고 있는 것이다.

과거가 현재에 영향을 주는 인과법칙은 익숙하다. 미래가 현재에 영향을 주는 인과법칙은 낯설다. 그렇지만 물리학자들이 원자와 같은 극미의 세계를 설명하면서 미시세계에는 미래도 현재에 영향을 준다고 하듯이, 우리 삶은 과거와 미래가 맞물려 현재를 낳는다. 삶의 결과도 마찬가지다. 과거의 경험과 물질적인 요소들은 작용 원인이 되고, 미래의 희망과 정신적인 요소들은 목적 원인이 되어 삶의 결과가 이루어진다. 과거의 경험 요소들이 별로 없거나 미래의 희망 요소가 분명치 않다면 별다른 삶의 결과가 맺어지지 않는다.

과거의 원인과 미래의 원인이 맞물려 균형을 이루어야 생명력과 활기가 생겨난다. 과거의 다양한 경험과 미래의 명료한 목적이 맞물려 균형을 이루면, 생명력과 활기가 가득한 현재의 삶의 결과가 맺어진다. 활기 넘치는 삶을 원한다면 다양한 경험을 하라. 그리고 목적을 명료하게 하라. 그리하면 다양한 경험은 작용 원인으로 받치고 밀어주는 힘이 되고, 명료한 목적은 목적 원인으로 이끌고 끌어주는 힘이 되어 삶이 활력으로 가득 차게 될 것이다. 이것은 분명한 진리이다. 과거에 열심히 살았기에 지금의 만족한 상태가 있고 열심히 살았던 과거는 그전의 상황에서는 미래가 되는 것이다.

경험을 하라는 말은 몸으로 하라는 말과 같다. 몸에 체득되어야 진정한 내 것이 되고 돌발적인 상황이나 힘든 상황이 닥쳐도 대처하는 능력이 생긴다. 늘 머리로만 하는 것은 경험이 부족하기에 대처 능력이 미흡하다는 뜻이고 생존에 불리하다. 무엇이 되었든 경험을 많이 하는 것은 생존에 유리한 점이 많다. 특히 젊은 시절에 전자기기만 가지고 시간을 보내는 것은 매우 우려되는 부분이다.

여행이든 산행이든 아르바이트 등 지속적으로 다양한 경험을 하면 몸이 체득한 만큼 얻을 수 있다. 이것이 단순한 말인 것처럼 들이지만 자연의 원리이다. 하우스 안에 있는 작물은 약간의 기온차가 발생하면 바로 문제가 되고 노지에 있는 작물은 약간 움츠리긴 하지만 죽지는 않고 잘 살아간다. 생명이 있는 모든 것은 같은 원리이다. 경험을 환경 변화에 적응할 수 있는 유용한 생존방식이다.

목표는 형식이고 목적이 내용이다

목표와 목적은 다르다. 목적은 욕구가 채워지고 욕구를 채우면 또 다른 목적으로 이어지는데 이것을 목표라고 한다. 즉 목표를 통해서 목적을 이뤄지기 때문에 목표는 수단이고 형식이며 목적은 내용이다. 일반적으로 목표와 목적은 동의어로 사용되지만, 철학이나 심리학에서 동일하지 않게 다루는 것처럼 다르게 구분해야 한다. 국어사전에도 목표는 '어떤 목적을 이루려고 함'이고, 목적은 '일을 이루려고 하는 목표'라고 하니 구분하기가 어렵다. 목표했던 산봉우리에 다다랐다고도 하고, 목적했던 산봉우리에 다다랐다고도 한다. 잘 헤아려 보면 목표와 목적은 분명 다르다.

목표는 행위를 통하여 이루려는 대상이고, 목적은 행위를 하여 이루려는 근본적인 이유이다. 이루려는 대상이 목표이고, 이루려는 이유가 목적이다. 산봉우리에 다다름은 목표이고, 산봉우리에 다다르려는 이유가 목적이다. 최근 경영학이나 인문학 분야에서도 목표와 목적을 구분하기 시작했다. 목표는 양적인 결과, 목적은 질적인 결과로 구분하고 있다. 기업의 예를 들면, 회사가 금년 목표의 120%를 달성하여 매출 100억을 달성하자라고 했을 때 100억은 목표이고 100억을 통해서 얻고자 하는 것이 목적이 된다. 연간 100억을 달성하여 기업의 재무 구조를 안정화하고 다른 사업 분야를 개척하는 데 자금을 사용하고자 하는 것이 목적이다.

목표는 수치적이고 표면적으로 설정되어 있고 목적은 내적으로 설정되어 있다. 목적은 내용이기 때문에 보이지 않고 목표는 형식이기 때문에 보인다. 목적을 달성하기 위한 수단이 목표이고 목표를 통해서 목적을 얻기 때문에 목적은 항상 목표의 밖에 있다.

목표를 통해 얻을 수 있는 목적이 밖에 있다는 말이 좀 어렵게 느껴질 수 있다. 학교 다니는 목적은 학교를 벗어난 사회에 있다. 학교란 공부라는 목표를 통해서 사회로 진출하는 데 목적이 있다. 밥을 먹는 목적도 먹는 행위를 통해서 안정감을 얻거나 건강한 삶을 통한 행복감을 얻는 데 목적이 있기에 행위의 밖에 있다고 하는 것이다. 대부분 사람은 성공을 원한다. 사람들이 말하는 성공이 목표인가, 목적인가? 성공은 목표이지 목적이 아니다. 성공하려는 이유가 목적이다. 그래서 목적을 명료하게 이해하기 어려운 것이다.

우연히 방송에서 본 얘기다.

성공만 하면 된다고 죽기 살기로 열심히 일해서 오로지 인생 목표를 이루었다는 사례이다. 얼마 전 KBS 2TV 어느 프로에서 주병진 씨가 출연하여 속마음을 털어놨다.

"가난한 가정에서 태어나 돈을 많이 버는 것이 인생의 목표였다. 그래서 방송을 그만두고 속옷 사업을 시작하여 열심히 일해서 회사를 코스닥에 상장하였고 수백억을 벌었다. 그런데 많은 돈을 벌어 꿈을 이루었는데 너무도 허무하다"고 했다. 돈은 벌었는데 앞으로 무엇을 하고 살아야 하는지 모르겠다고 말했다. 목표는 이루었는데 목적이 없었기에 허무한 것이다. 성공의 목적이 분명하지 않고 성공만 있으면 이런 있는 이런 상황이 되는 것이다. 목표와 목적을 잘 모르기도 하고, 목표를 이루면 목적을 달성한다고 잘못 생각한 탓이다.

성공만 하면 된다는 생각은 착오다. 성공하려는 이유, 즉 목적이 없으면 그 성공은 이유 없는 성공이고, 이유 없는 성공은 공허하고 허망하다. 마치 뿌리가 없어 곧 시들어 버리는 꽃다발과 같이 생명력이 짧다. 분명하게 목표하고 있는 대상과 목적하고 있는 근본적인 이유가 구분되고 헤아려져 맞물리지 않으면 대상만 있고 이유는 없는 허튼 일이 되고 만다.

목적을 얻기 위한 목표가 아니면 목표는 무의미하다. 목적이 목표와 명료하게 맞물려 이어질 때 목적이 이끄는 힘이 흐르고 동기부여가 이루어진다. 목표와 목적이 맞물려야 생명력이 살아나 목표와 목적을 추구하는 행동에 생기와 활기가 넘치게 된다. 성공하려는 이유가 행복하기 위해서라고 하면 성공은 목표이고, 행복이 목적된다.

행복이라는 목적을 위해서 성공이라는 목표가 이루어져야 하는가? 반드시 성공해야만 행복을 얻을 수 있고, 성공이 아니면 결코 행복을 얻을 수 없다고 그 누가 장담할 수 있는가? 행복은 성공이 아닌 다른 대상을 통해서도 얻을 수 있다. 성공이 반드시 행복이라는 법도 없다. 이와 같이 분명하게 목표와 목적을 구분하고 헤아리면 무모하게 목표에만 매달리는 어리석음에서 벗어날 수 있다.

어떤 목적이든 이룰 수 있는 경로와 수단은 다양하기 마련이다. 목적이 얻고자 하는 결과라면 목표는 결과를 얻기 위한 수단이고 과정이다. 인과법칙에 따라 결과는 곧 원인이 되어 다음 결과를 낳듯이, 목적은 곧 다음 목적의 수단으로서 목표가 된다. 그리하여 마지막 궁극적인 목적이 나타나면 그 앞의 대상은 모두 수단이고 목표이다. 행복한 것이라면 성공은 목표이고, 성공이라는 목표를 통해서 얻고자 하는 행복이 목적이다.

인생의 최종 목적, 인생을 살아가는 궁극적인 이유는 두 가지의 근원적인 욕구 충족이다. 생존과 존재의 욕구 충족이라는 목적을 얻기 위해서 행동해 이루려는 대상 모두는 목표인 셈이다. 인생의 궁극적인 목적에서 보면 대학도 목표이고, 취직도 목표이고, 결혼도 목표이고, 성공도 목표이고, 인생도 목표이다. 이러한 형식을 통해서 궁극의 목적인 내용을 추구하는 것이다. 생존욕구를 통해서 존재욕구를 완성하는 것이 궁극의 목적이 된다.

인생에서 목표와 목적이 맞물리게 하려면 살아가면서 노력하여 이루려는 대상과 이유가 맞물려야 생기와 활기가 넘치고 의미가 살아난다. 지금 이 순간 노력하는 일이 단순·명료하게 생존과 존재의 욕구 충족이라는 인생살이의 궁극적인 이유와 목적에 닿아 있지 않으면 아무리 큰 성공을 이룬다 해도 결국 인생이 무의미하고 허무하다는 허탈감만 남게 될 것이다.

목적 없이 일어나는 일은 없다. 좋은 일이든 나쁜 일이든 발생하는 이유가 있다. 이유가 목적이다. 그런 이유는 갑자기 생기는 것이 아니라 그럴만한 이유가 축적되어 때가 발생하며 이유 없이 일어나는 것은 없다. 그래서 목적을 헤아리는 지혜가 필요하다. 이것을 목적이 이끄는 삶이라고 한다. 목적이 명료하면 힘든 일을 당연하게 받아들이는 이유이기도 하다.

목적의 의미 가치

자신이 하는 일이 어떤 의미와 가치가 있는가? 무엇이든 그것이 의미와 가치가 있으면 생명력이 살고, 의미와 가치가 없으면 생명력이 사라진다. 의미와 가치는 한 마디로 쓸모를 말한다. 사전의 뜻풀이를 보면 의미와 가치는 비슷한 말로써 공통점은 '중요성'이다. 중요성은 크게 필요하고 유용하다는 뜻이니 쓸모와 통한다.

우리가 흔히 사용하는 말의 뜻을 살펴보자. 친구나 동료 직장 등에서 현재 분위기를 파악하지 못하고 말이나 행동을 하면 "쓸데없는 소리 하지 마라." 사투리로 "씨잘떼기 없는 짓 하지 마라." 이런 말을 자주 한다. "대학까지 나온 사람이 그런 짓 하면 쓰겠냐." 이런 표현도 자주 쓴다. 이 말을 잘 살펴보면 '쓸데없는' 짓이나 '쓰겠냐'라는 것은 쓸모를 의미한다. 쓸모가 없다는 말은 분위나 상황에 맞지 않는 행동이나 언행을 하게 되면 서로가 공감할 수도 없고 서로 통하는 것이 아니며 의미가 없기에 상황에 맞는 짓을 하라는 뜻이다. 이것을 쓸모라 한다.

가치는 쓸모이고, 의미는 쓸모가 있을 때 생겨난다. 쓸모가 있으면 의미와 가치가 있고, 쓸모가 없으면 의미와 가치가 없다. 쓸모가 크면 가치가 높고 의미가 큰 것이고, 쓸모가 작으면 가치가 낮고 의미가 작다. 그렇다면 과연 지금 하는 일들이 쓸모가 있는지 없는지는 어떻게 알 수 있는가?

진정한 의미는 그것의 가치를 알 수 있게 해주는 해석에서 생겨난다. 뤼디거 달케는 그의 책 『몸은 알고 있다』에서 의미와 가치에 대해 비유를 들어 잘 설명하고 있다. 만약 우리가 어떤 기한도 없고 졸업도 없는 학교, 어떤 전망도 없고 목표와 목적도 없이 오직 배움 그 자체만을 위해 배우는 그런 학교에 다닌다면, 배움 그 자체가 아무런 의미가 없을 것이다. 학교에 다니고 배우는 것은 학교 외부에 어떤 기준이 놓여 있을 때 비로소 가치를 얻는다. 외부의 기준이 쓸모이다.

기업에서 인턴을 하는 이유는 이 기간 동안 사람이 쓸모가 있는지 보는 것이다. 쓸모가 있으면 채용하고 쓸모가 없으면 인턴으로 끝난다. 그러면 쓸모란 무엇인가. 주어진 역할을 잘하는 것을 쓸모라고 한다. 주어진 역할은 상황에 맞게 상대가 필요로 하는 것을 말하며 이것을 우리는 눈치라고 한다.

눈치 있는 사람은 센스가 있다고도 한다. 그 상황에 맞게 상대가 필요한 것을 해주는 것이 역할이고 역할을 잘 수행할 때 쓸모가 있는 것이다. 쓸모가 있으면 필요한 사람이고 쓸모가 없으면 필요가 없는 사람이 된다. 우리는 쓸모 있는 사람을 인재라 한다. 좋은 학교 출신이고 스마트한 사람이라도 눈치가 없으면 쓸모가 없다. 이런 사람을 헛똑똑이라고도 한다.

이해를 돕기 위해서 사례를 말해보자. 작년에 어느 국가기관 기관장과 약속이 있어서 방문하였다. 거리가 멀어서 좀 일찍 출발하여 약속 시간보다 30분 일찍 도착하여 사무실에 들러 기관장님과 미팅이 있어서 방문하였다고 했다. 여직원은 옆 회의장으로 안내하며 기다리라고 하면서 커피는커녕 물 한 잔도 안 주었다. 그 여직원은 외부 손님이 오면 커피나 물을 주는 일이 본인 업무가 아니고 홍보실 일만 한다고 생각하고 있는 것 같았다. 설령 그렇더라도 그 상황을 보면 물이라도 한 잔 주는 것이 직원으로 역할을 하는 것이 아닐까? 이런 경우 눈치가 없다고 하는 것이고 눈치가 없으면 쓸모가 없다고 한다. 이렇게 쓸모없는 사람이 조직에서 필요하다고 인정받을까? 자신의 역할을 자기 기준으로 설정하기 보다 상대의 상황에 맞아야 한다. 자신이 하는 업무가 조직에 쓸모가 있을 때 일하는 의미 가치가 있다.

자신이 하는 일이 어떻게 의미와 가치가 있는가? 자신의 역할이 의미와 가치가 있으면 생명력이 살아 있고, 의미와 가치가 없으면 생명력이 사라진다. 생명력이 없으면 허무해진다. 학교 교육도 목표나 목적이 있을 때 비로소 의미가 있고 가치를 얻는다. 학생의 의미와 가치는 학교를 통해 목표한 직업을 얻어 학교를 떠나는 것에 있으며, 목표가 있어야 학교에서 적극적이고 보람 있게 배움에 몰두하게 된다. 많은 사람이 무슨 일을 할 때 의미 가치가 없기에 힘들고 지친다. 그래서 바로 포기하거나 지겹다고 한다.

목적의식이란 중요하다. 어렵지만 갖추어야 한다. 하는 일의 의미와 가치는 그 일의 목표 달성에 있는 것에 쓸모가 있을 때 얻어진다. 무슨 일이든 또는 어떤 행동이든 그 일과 행동이 목표하고 목적하는 것과 연관되어 얼마나 쓸모가 있는지에 따라 의미와 가치가 결정된다는 말이다. 지금 하는 일들이 어떤 목표와 연관되지 않거나 쓸모가 없다면 무의미하고 무가치한 일을 하는 것이다.

뤼디거 달케의 설명처럼 어떤 것이든 그것의 의미와 가치는 그것의 외부 기준에서 쓸모가 있을 때 생긴다. 일과 행동의 의미와 가치는 목표나 목적과 같은 기준점이 있을 때 성립된다. 일과 행동을 통해서 이루려는 목표가 있고, 그 목표의 기준점에서 볼 때 일과 행동이 쓸모가 있는지의 여부가 의미와 가치를 알 수 있게 해주는 기준이다. 목표의 의미와 가치는 이루려는 이유인 목적의 기준점에서 목표가 쓸모가 있는지 없는지를 따져 보면 알 수 있다. 의미 있는 목표 또는 가치 있는 목표는 목적과 연관되어 쓸모가 있어야 한다.

인생의 의미와 가치도 마찬가지다. 의미 있는 인생, 가치 있는 인생에도 목표와 목적이라는 기준점이 필요하다. 인생의 목적은 인생 밖에 있다. 흔히 사람들은 인생의 의미와 가치, 인생의 목표와 목적을 인생 안에서만 찾으려고 한다. 의미와 가치는 외부에 기준점이 있을 때 성립되는 것이므로 인생의 목표, 인생의 목적도 인생의 외부에 있는 것이 옳다.

뤼디거 달케의 말대로 인생을 계단에 비유해 보면 인생의 의미와 가치는 인생 위에 그냥 서 있는 것이 아니라, 인생을 통해 더 높은 곳으로 올라 인생을 떠나는 것에 있다. 여기서 더 높은 곳이란 사회적으로 높은 지위나 부와 명예가 아니라 개체의 이기적인 전체의 경지를 말한다. 즉, 하나로 분리된 개체의 수준을 넘어 하나로 통합된 전체의 수준에 이르는 것이라고 할 수 있다.

철학자나 인문학자들의 인생론을 공부해 보면 살아 있음에 대한 논쟁을 계속하고 있다. 지금 살아 있는 것은 목표이지 목적이 아니다. 목적은 현생이 아니고 현생밖에 있다. 따라서 인생은 죽음까지 포함하는 것을 인생이라 한다. 그래야 의미 가치를 계산할 수 있다. 우리가 일상의 일과 행동 그리고 인생의 의미와 가치를 따져봐야 하는 까닭은 명백하다. 실존주의 철학자 사르트르가 "인생은 소설과 같고, 현명한 사람은 한 번밖에 읽을 수 없다는 것을 알아서 정성 들여 읽는다"고 말한 것처럼, 누구나 한 번밖에 없는 소중한 인생이므로 정성 들여 살아야 하기 때문이다.

만약 인생이 무의미하고 무가치하다고 여겨진다면 그것은 인생이라는 계단을 수단으로 삼아 딛고 오르고자 하는 목표나 목적을 명료하게 이해하지 못했다는 증거이다. 쓸모 있는 인생살이가 무엇인지 알 길이 없기 때문에 무의미하여 힘들어지는 것이다. 목표만 세우지 말고 목적을 반드시 생각해야 한다. 자신의 목표가 35세에 결혼하고, 전세 살이를 탈출하는 것이라면, 안정된 삶을 사는 것이 목적은 된다. 목표를 달성하기 위해서 투잡도 하고 술 담배 안 하며 친구 만나는 것을 줄이는 등의 노력을 하는 것은 목표를 달성하기 위한 수단이다. 이런 목표를 통해 행복한 가정을 이루어 새로운 삶을 추구하는 것이 목적이 된다. 인생도 마찬가지이다. 지금 살아가는 많은 목표와 목적이 있지만 궁극적인 목적을 위한 목표가 되어야하고, 궁극적인 목적과 연결이 안 되면 허무함이 밀려온다.

3장
성격은 삶의 흔적이다

나는 나를 알고 있을까

스토아 철학자 에픽테토스는 삶을 조각에 비유했다. 모든 사람은 자신의 삶을 만들어 가는 정신적 자유를 가졌지만 대부분 사람은 삶의 주인이기보다는 노예로 살아간다. 노예가 된다는 것은 자신의 삶에 얽매여 산다는 의미이며 스스로 그렇게 만들어 가는 것이다. 사실 우리는 확실하게 인지하지는 못해도 자신의 삶을 통해서 자신의 정체성이 확립되어 간다는 것은 알고 있다. 어떤 사람은 온화하고 평온한 모습을 나타내고 어떤 사람은 거칠고 교양 없는 모습으로 만들어 가기도 한다.

성격이 드러내는 얼굴에는 삶이 그대로 노출된다. 사람은 얼굴을 보며 인상이 좋은지 나쁜지를 무의식적으로 평가한다. 첫인상이 그 사람을 평가하는 데 절대적인 영향을 미친다. 얼굴에 성격을 조각했다고 하는 말이다. 성격은 개인 가지고 있는 성질나 품성이며 특정한 행동을 유발하는 심리적 체계라고 할 수 있다. 성격이 좋다, 나쁘다, 평가하려면 자기 자신이 정리되어야 한다.

나는 누구인가? 나는 나를 정말 잘 알고 있는가? 나는 나 자신을 얼마나 알고 있다고 여기는가? 철학적인 질문 같지만 한 번쯤은 생각해 보는 단어이다. 정의도 어렵고 복잡하기에 질문하면 그냥 피해버린다. 겨우 대답하는 것이 이름 석 자와 장단점과 출생지, 직업 정도가 대부분이다. 나는 누구이며 무엇인지 한 번쯤 정의하고 답을 찾아보는 것이 지혜로운 사람이 아닐까. 나는 인생을 사는 주체이고, 내가 이 세상에서 사는 것이기 때문에 나를 알아야 인생살이를 제대로 할 수 있다.

'나는 누구인가?'라고 할 때 어떤 나를 나라고 하는 것인가? 나는 단순하지 않으며, 다양하게 분류하는 이론이 있다. 1955년 미국 Joseph Luft 과 Harry Inham 교수가 발표한 논문에서 <나를 구분하는 죠하리의 마음의 창(Window of Mind)> 분류는 다음과 같다.

- 자기도 알고 남도 아는 열린 창(Open Window)
- 자기는 알지만 남은 모르는 숨겨진 창(Hidden Window)
- 나는 몰라도 남은 아는 보이지 않는 창(Blind Window)
- 나도 모르고 남도 모르는 미지의 창(Unknown Window)

위와 같이 네 가지로 분류하였다. 나와 타인과의 관계를 마음 상태를 보여주는 창문이라는 틀의 형태로 분류하여 자신과 타인을 이해하는 심리적 측면에 기여하였다. 자신을 확실하게 알 수 있는 이론으로는 다소 부족한 면이 있다. 동양철학자 원황철 선생의 맞물림 원리로 설명하고자 한다.

- 나는 몸과 마음 정신이다.
- 몸은 감각이 있고 행동을 하고
- 마음은 감정 있고 생각을 하고
- 정신은 에너지가 있고 의식한다.
- 육과 영이 맞물려 있고
- 육은 표층이고 유한하며
- 영은 심층이고 무한차원이다.
- 영이 유한차원의 육에 갇혀 무한차원을 잃으면 삶을 잘못 사는 것이고 육에 갇힌 영이 무한차원을 회복하면 삶의 목적을 이루는 것이다.
- 나는 상대 차원과 절대 차원이 맞물려 있고
- 상대 차원의 나는 나와 나 아닌 것이 나뉘고
- 절대 차원의 나는 나와 나 아닌 것이 하나이다.
- 나는 나 있음과 나 없음이 맞물려 있다.
- 나 있음은 나와 남의 경계구분 있는 자아인 개체이고
- 나 없음은 나와 남의 경계구분이 없는 무아인 전체이다.
- 자아와 무아가 맞물리지 않으면 자아도 무아도 없어진다.
- 잘난 나를 드러내고 못난 나를 감추기가 지나치면 허세이고
- 잘난 나와 못난 나를 있는 그대로 드러내면 실세이다.

실세와 허세가 맞물리게 하자. 잘난 나만 있고 못난 나를 없애니 늘 불안하여 허세만 증가한다. 허세는 또 다른 허세를 추구하여 결국 허세 인생이 된다. 나를 알기 위해서는 '나 아닌 것'을 포함해 전체를 알아

야 한다. 전체와 연관되지 않은 속에서 지금 내가 아는 나의 모든 것은 제한된 일부분에 지나지 않을 뿐만 아니라 거의 아무것도 모르는 것과 같다.

의미 있는 인생살이가 되려면 나를 알고 또한 나 아닌 남과 세계를 알아야 한다. 무엇이든 알기 위해서는 먼저 자신이 제대로 모르고 있다는 것을 깨닫고 인정해야 한다. 이미 알고 있다고 여기고 있으면 알려고 하지 않을 것이기 때문이다. 지금 자신의 모든 것을 너무 잘 알고 있다고 여기고, 자신이 알고 있는 '나'가 제한된 일부분이라는 명제를 인정하지 않거나, 우리는 누구나 인식의 한계를 가지고 있다는 명제를 인정하지 않는 것이 문제이다.

맞물림 원리로 설명하면, 나는 보이는 나와 보이지 않는 나로 분리할 수 있고 보이는 육체와 보이지 않는 영이 맞물려 삶을 살고 있다. 세상의 원리는 보이는 것보다 보이지 않는 것이 더 중요하다. 보이는 나는 잘 관리하려고 대부분 사람이 애쓰지만, 보이지 않는 나를 관리하는 사람은 매우 일부분이다. 보이는 것만 믿으려는 사람들의 습성 때문이다. 화장을 하거나 명품 옷을 입거나 아름답게 꾸미는 것은 보이는 나를 잘 표현하기 위해서이다. 하루에도 수십 번 거울을 보며 아름다운 나를 확인한다. 그렇지만 보이지 않는 나를 생각하거나 중요함을 인지하는 경우는 매우 드물다.

보이는 것은 형식이고 보이지 않는 것이 내용이라 했다. 내용의 중요함을 아는 사람은 출가하여 수행자의 길을 가는 사람들이다. 나를 찾아 길을 떠나는 것이며, 나를 찾아가는 길이 인생의 목적이기에 나를 정립하고 존재의 목적을 명료하게 하기 위한 길이다. 잘 생각해 보면 현세를 떠나서 속세로 가는 것은 한쪽으로 치우치는 것이므로 나를 찾는 것이 어렵다. 현세의 생존과 속세의 존재가 맞물려야 진정한 나를 찾을 수 있다. 맞물리지 않으면 다른 차원이 열리지 않기 때문이다.

아는 만큼 보이고 필요한 만큼 들린다.

사람들은 같은 시간 같은 장소에서 똑같이 보고 들어도 사람마다 보고 듣는 것이 차이가 난다. 세상을 있는 그대로 보지 않고 의도대로 본다. 로마의 황제이자 철학자였던 마르쿠스 아우렐리우스의 말이다. 이 원리를 기업경영에 적용한 피터 드래커는 지적 완전성이라 했다.

학교 강의 시간을 보면 잘 알 수 있다. 수업 시간에 열심히 강의하고 무슨 내용인지 정리해 보라 하면 같은 답이 하나도 없는 것은 각자 필요한 것만 인식하기 때문이다. 이것을 인식의 틀 또는 생각의 틀 필요성의 기준이라고 하며 인식의 한계라고도 한다. 그래서 같은 답이 나올 수가 없는 이치이고 당연하다. 또 다른 방식을 보면 사람들은 무엇을 보든 다 보았다고 여기지만 사실 일부만 보고 다 보았다고 한다. 이렇게 사람들이 사물의 일부만 인식하거나 보고도 보지 못하는 부분이 생기는 이유는 무엇일까? 그것은 인간의 인식 작용이 일어나는 과정에서 비롯된다.

뇌신경 연구를 토대로 한 신경언어 프로그래밍(NLP)에서는 인간의 인식 작용의 정보처리 과정을 이렇게 설명한다. 우리가 감각기관을 통해서 접하는 외부 정보의 양은 1초당 2백만 바이트이고 받아들이는 과정에서 삭제 왜곡 일반화가 일어나 1초당 134바이트만 처리되며 그중에서 기억되는 조각은 10개 미만이다. 이처럼 인식 과정에서 삭제 왜

곡 일반화라는 필터링을 통해 아주 작은 부분만 처리되는 이유는 생존에 필요한 정보를 효율적으로 처리하기 위해서이다. 그렇지 않으면 계속 밀려드는 외부의 감각 정보에 묻혀 삶에 필요한 다른 일을 할 수가 없기 때문이다.

사물을 보는 눈의 기능적 특성 때문에 보면서도 보지 못하는 부분이 생기기도 한다. 조지프 헬리넌은 『우리는 왜 실수를 하는가?』라는 책에서 전체 시야에서 일정 시간에 정확히 인식할 수 있는 범위는 일부에 불과하다면서 이런 예를 들고 있다. 적정 시거리에서 명확히 바라볼 수 있는 시야의 범위는 전체의 4분의 1에 지나지 않는다. 따라서 우리 눈은 1초에 세 번씩 대상을 바라보고 이동하고 정지하면서 범위의 한계에 대응한다.

코넬대학교의 대니얼 사이먼스 교수는 인간의 눈이 명확하게 볼 수 있는 각도는 겨우 2도 정도에 불과하다고 말한다. 주먹을 쥔 채로 팔을 쭉 뻗어 엄지손가락을 세웠을 때 엄지손가락의 폭과 눈이 이루는 각도가 약 2도라며 우리가 눈으로 한 번에 선명하게 볼 수 있는 범위가 아주 좁다고 설명한다.

인간은 뇌신경 체계를 바탕으로 의식작용을 통해 사물을 인식한다. 인식이란 감각하고 지각해 분별하고 판단하며 기억하고 사유하는 작용이다. 사이먼스 교수의 말처럼 우리의 눈이 선명하게 볼 수 있는 각도가 아주 좁고, 헬리넌의 말대로 인간은 보면서도 때로는 제대로 보지 못하고, 보는 것의 일부만 인식한다면 인간이 분별하고 판단하고 기억하고 사유하는 것은 모두 작은 부분에 지나지 않는 한계가 있는 것이다. 그렇게 좁을 수밖에 없는 인식의 한계 때문에 우리는 착각하고 실수하며, 오해하고 갈등하게 된다.

자신의 시야와 인식의 폭이 좁고 단순하면 인생이 좁고 단순할 수밖에 없다. 인생을 넓고 다양하게 풀어가려면 당연히 인식의 폭이 넓고 다양해야 한다. 그러기 위해서 가장 우선되어야 하는 것이 바로 생체기능의 특성에서 오는 인식의 한계를 파악하고 인정하는 노력이다. 자신의 한계를 인정하면 한계를 넘어 넓혀나갈 수 있는 토대가 마련된다. 이것은 생각의 틀을 넓히는 것이 가장 핵심적인 사항이다. 그렇지만 아쉽게도 현대인은 생각의 틀이 점점 좁아지고 있다. 스마트폰이나 전자기기가 발전하면서 생각하거나 정보나 지식을 외울 필요가 없어져 사람을 점점 단순화시킨다. 생각할 필요가 없으니 생각을 안 하게 된다.

무엇이든 용도에 맞게 사용하지 않으면 퇴보하고, 틀이 좁아지는 것은 당연하다. 이것이 많은 문제를 일으킨다. 맞물림 원리로 생각해 보면 사람은 생각을 하며 두뇌를 써야 하는데 쓸 필요성이 낮아지니 안 쓰게 되고, 기기에 의존하다 보니 의존성이 높아지고 의존성이 높으면 독립성은 낮아져서 퇴보하게 되며, 퇴보의 끝은 치명적인 뇌질환의 발생이다. 대표적인 것이 치매이다. 보건복지부에 따르면 치매환자가 2012년 54만 명에서 2030년 약127만 명, 2050년 271만 명으로 증가할 것으로 예측된다.

이것은 문명의 발달로 인한 기기에 대한 의존도만큼 환자도 동반으로 증가한다. 이런 정보만 봐도 현대인들은 생각하며 뇌신경 세포를 안 쓴다는 증거이다. 치매센터나 병원에 의존하는 것보다, 생활에서 편리함만 추구하지 말고 독서를 하거나 자신의 삶을 생각하는 시간을 갖는 것이 치매를 줄이는 방법이다. 나이가 들수록 노화를 방지하기 위한 다양한 방법을 스스로 터득하고 발전하는 방향을 모색하여야 한다. 모든 장기는 사용하지 않으면 퇴보한다. 때문에 점점 틀이 좁아지게 되고 사용하는 단어 영역이 매우 한정적이라 한 말을 하고 또 하게 된다. 이것은 사람들과의 관계에서 부정적인 면이 증가하기 때문이다.

고정관념이 정체성이다

우리는 빈번하게 의사소통의 문제에 부딪힌다. 우리가 흔히 겪는 의사소통의 문제는 누구나 자기중심으로 생각하고 말하기 때문에 생겨난다. 우리는 얼마나 의사소통을 잘하고 있는가? 자신은 다른 사람에게 자신의 의사를 정확하고 객관적으로 잘 전달하고 있고, 다른 사람의 말을 정확하게 있는 그대로 잘 받아들인다고 믿고 있는가? 누구나 자신이 원하고 자신에게 유리한 쪽으로 의사소통하려고 한다. 그래서 자신에게 유리하고 자신이 원하는 증거만 보고 듣게 된다. 이것을 증거 모으기라고 한다.

누구에게나 인식 과정에서 일어나는 삭제와 왜곡의 현상도 자신에게 유리한 증거 모으기와 관련이 있다. 삭제는 자신에게 유리하지 않은 정보를 빼거나 없애고 지각하는 현상이다. 우리는 감각 능력이 제한되어 있어 모든 정보를 지각하기 어렵기 때문에 결국 자신이 처한 상황에서 가장 유리한 부분에 초점을 맞추고, 나머지는 삭제해 버린다. 그래서 자신의 신념과 가치를 지지하는 유리한 증거는 모으고, 불리한 증거는 버린다.

왜곡은 자신에게 유리하게 정보를 해석하고 받아들이는 지각 현상이다. 우리는 주변 세계 전체를 보지 못하고 자신에게 유리한 일부분만 보기 때문에 나머지는 자기 주관대로 해석해 왜곡하게 된다. 그래서 자신의 신념과 가치를 지지하는 유리한 증거를 만들기 위해 자기 방식으로 왜곡한다.

균형 잡힌 시각을 유지하지 못하면 자기중심적이고 자기방어적인 성향이 심리적 잡음을 만들어내 듣기를 방해하게 된다. 심리적 잡음이란 이미 형성된 선입견이나 고정관념 때문에 자신이 원하는 것만 듣고 자신이 원하지 않는 것은 듣지 못하게 하는 것을 말한다. 우리의 머릿속에 형성되는 지식체계인 스키마의 경우도 마찬가지다.

스키마는 이미 수립된 이해 방식의 틀이다. 일단 스키마가 형성되면 스키마는 자신이 원하는 기준이 된다. 그래서 스키마에 부합되는 정보 내용은 자신이 원하는 것이므로 받아들이고, 그렇지 않으면 자신이 원하지 않는 것이므로 무시하게 된다. 자신이 원하는 것만 보고 들으면 자기와 타인과 세상을 있는 그대로 못 보는 것이다. 무엇이든 있는 그대로 보지 못하면 제대로 이해할 수가 없기에, 세상을 객관적으로 감지할 수 있는 능력이 떨어지게 된다.

객관적으로 넓게 세상을 감지하지 못하고 주관적으로 좁게 보면, 보지 못한 범위에서 계산 착오가 일어나고, 결국 잘못된 흐름으로 빠져들어 곤혹을 치르게 된다. 그래서 사람은 누구나 주관적으로 모든 것을 판단하고 결정한다. 이것이 지속적으로 반복되면서 자기 정체성이 확립된다. 이것을 생각의 틀이라고도 하고 고정관념이라고 한다. 생각의 틀은 시간이 지나면 대부분 좁아지는 것이 일반적이다. 이것이 사회생활에 문제가 되기 시작한다. 어느 강의나 수업하고 주관식 시험을 보면 같은 대답이 없다. 왜 같은 대답이 없는지를 물어보면 학생들 대답은 생각이 다르기 때문이라고 대답한다. 생각이 다르다는 것보다 자기의 틀만큼 들을 수밖에 없다가 정답이다. 이것을 정체성이라고 한다.

여행을 가보면 많이 느낀다. 아는 것이 없으면 그냥 건물이고 이국적이라는 정도만 느끼지만, 역사적 배경이나 정치·사회를 충분히 공부하고 가면 많이 볼 수 있다. 좀 더 깊게 문화를 알고 싶다는 필요성이 있으면 많이 보이고 들릴 수밖에 없다. 사람은 누구나 자기 편한 것만 보려고 하고 있고 이것이 시간이 흐르면 틀이 점점 좁아져서 결국 고집만 부리는 문제로 인간관계가 어려워진다. 이런 것이 반복되어 결국 생존이 어려워진다.

사람들은 틀이 좁은 사람과의 관계를 원하지 않는다. 어쩌다 한두 번은 가능하지만, 지속적인 관계를 회피하는 것이 일반적이다. 왜냐하면 틀이 좁은 사람은 늘 자기중심으로 대화하기에 공감력이 떨어져 상대가 얻을 수 있는 것이 없기 때문이다. 집안의 조부모를 잘 보면 이해가 쉽다. 나이가 들면 틀이 좁아져서 대화할 때 사용하는 단어가 매우 한정적이다. 그래서 했던 말을 반복하게 된다. 좁아진 틀로 세상을 보고 대화를 하면 고정관념이 안착되어 결국 주위 사람들과 관계가 어렵게 되고 삶이 점차 힘들어진다. 그래서 나이가 들면 틀을 확장하지는 못해도 현상 유지가 잘 되는 방안을 지속적으로 노력해야 한다.

외형으로 드러내는 것이 성격이다

성격을 말할 때, 보통 '성격이 좋다', '나쁘다' 또는 '마음에 든다', '안 든다'고 말한다. 무엇을 기준으로 성격이 좋고 나쁨이나 맘에 들고 안 들고를 따지는 것일까? 일반적으로는 자신에게 유리한가 불리한가를 기준으로 한다. 자신에게 유리하게 작용하면 좋고 맘에 들어 하고, 자신에게 불리하게 작용하면 나쁘고 마음에 안 들어 한다.

한편 우리가 서로 시비(是非)를 가리며 옳고 그름을 따질 때도 그 기준은 자신에게 유리한가, 또는 불리한가이다. 자신에게 유리하면 옳고, 자신에게 불리하면 틀렸다고 한다. 고민이 있을 때도 마찬가지다. 고민하는 사연은 결국 자신의 이해득실 문제이다. 다시 말해 자신에게 유리한지 또는 불리한지를 고민하는 것이다. 고민을 상담하는 일도 역시 자신에게 유리한지를 기준으로 입장을 정리하게 된다.

우리는 고민을 상담하려고 할 때 누구에게 상담해야 좋을지를 찾는다. 그때 대부분 무의식적으로 자신에게 유리한 증거를 줄 것 같은 상대를 고르게 된다. 유리한 증거는 자신의 입장이나 의견이 옳고 정당하다고 할 만한 근거를 주는 말들이다. 그래서 공감과 인정이 상담의 중요한 기술이라고들 한다.

커뮤니케이션 이론에서도 사람의 듣기능력이 매우 제한되어 있다고 문제를 제기한다. 듣기 테스트 결과를 보면 일반적으로 사람들은 어떤 내용을 듣고 난 직후라도 방금 들은 내용의 절반 정도만 기억할 뿐이다. 그래서 적극적인 듣기가 요구되는데, 적극적인 듣기를 위해서는 자신의 감각·태도·신념·감정·직관 등을 총동원해야 한다. 그러나 자신의 감각·태도·신념·감정·직관 등은 심리적 잡음으로 작동하여 듣기를 방해하는 요소가 되고 만다.

성격은 상황에 반응하는 패턴이다. 따라서 어떤 상황에서 반응하는 패턴이 상황에 적절한 유용성이 있으면 그 성격은 좋은 것이고, 상황에 적절하지 못해 유용성이 없으면 그 성격은 나쁜 것이다. 다시 말해 우리는 반응 패턴이 상황에 유용한지 또는 유용하지 않은지에 따라 성격이 좋다, 나쁘다고 말한다. 스스로 자신의 성격이 마음에 들었다, 안 들었다 하는 것도 그 때문이다.

자신의 반응 패턴이 상황에 유용하면 자신의 성격이 마음에 들고, 상황에 유용하지 못할 때는 자신의 성격이 맘에 들지 않는다고 여긴다. 그렇다면 왜 자신의 성격이 상황에 유용하지 못해서 마음에 들지 않는데도 계속 같은 패턴을 쓰고 있는 것일까? 그 이유는 성격은 습관처럼 자동으로 반응하는 관성을 가지고 있기 때문이다.

성격을 규정하는 말들을 종합해 보면, 성격이란 개인을 특징짓는 일관되고 지속적인 행동 양식으로 신념과 가치관이 습관화되어 사고·언어·감정·행동·인간관계 등에 무의식적으로 나타나는 패턴이라고 정리할 수 있다. 성격은 일관되게 지속적으로 나타나는 특징을 가지며, 신념과 가치관이 성격 형성의 기반이 된다.

개인의 기본적인 신념과 가치관은 성격 형성에 매우 중요한 기간인 어린 시기에 생명을 안전하게 지켜 생존을 유지하려는 노력과 경험에서 기인하는 것으로 알려져 있다. 이렇게 성격은 어려서 생존을 위한 반응전략의 패턴으로 형성되고, 생명과 안전을 지키는 데 유용성이 있어 습관화되면서 자동으로 일관되게 나타난다고 하지만 이것은 대부분 부모로부터 유전된다는 것이 일반적 이론이다.

Enneagram의 성격유형

성격의 패턴은 기본적인 신념과 가치관에 따라 정해진 유형이고 틀이다. 어릴 때 기반으로 성장하는 단계에서 많은 영향을 미친다. 즉, 가정환경, 부모의 습관, 경제적 상황, 교육환경 등을 통해서 성격 패턴이 형성된다. 이러한 성격의 형태를 보면 심리학 프로그램에 잘 나타난다. 어릴 때의 상처, 동기부여, 칭찬, 경제적 고통, 사랑 등은 성인이 되어도 패턴을 보면 그대로 나타는 것을 볼 수 있다. 사람들이 공감하는 성격유형을 아홉 가지로 분류한 에니어그램 유형을 이해하면 인간관계에서 상대를 이해하는 데 도움이 된다. 나는 옳고 너는 틀렸다가 아니라 나와 너는 다르다는 사실을 이해하는데 좋은 이론이다.

애니어그램의 기원은 정확한 출처는 알 수가 없으나 BC 2500년 중동지역에서 발생한 것으로 추정한다고 리처드 리소, 러스 허드슨의 저서에 밝히고 있다. 사람의 성격을 아홉 가지로 분류하고 특성을 정리하였다. 한국에서는 황지연 신부, 윤운성 교수, 박정자 수녀, 김영호 교수 등이 애니어그램의 연구와 보급에 힘쓰고 있다

애니어그램은 그리스어로 9를 의미하는 에니어(ennea)와 그림(gram)이란 뜻의 합성어이다. 아홉 가지의 점(点)을 갖는 그림이라는 의미로, 모든 사람의 성격은 아홉 가지 유형에 중 어느 하나에 속해 있다는 사고방식이다. 따라서 사람의 언행이나 행동을 보면 성향을 알 수 있기에 인간관계에 참고하면 좋은 심리학 이론이다. 에니어그램에서 말하는 3가지 유형과 9가지 성격 패턴을 보면 다음과 같다.

◆ 에니어그램의 3가지 중심 표현

2, 3, 4번 가슴 중심형은 에너지 중심을 가슴 두고 있으며 타인과의 관계는 직관적이고 감정 표현적 비중이 높다.

5, 6, 7번 머리형은 에너지 중심을 생각에 두고 있으며 관찰 대조 분

석에 빠르고 사고력이 높은 편이다.

8, 9, 1번 유형은 장형으로 에너지 중심이 행동에 두고 있으며 자신의 존재를 힘과 정의에 두고 즉흥적이고 행동 중심이다.

◆ 9가지 성격 패턴

▶ 1번 유형 : 개혁가

나는 옳다. 올바르고 완벽을 추구한다.

- 긍정적 특성

• 인간은 올바르게 살아야 한다.

• 올바르게 사는 사람은 가치 있고 훌륭하다.

• 가정과 사회 및 국가에서 권선징악은 필요하다.

• 올바르지 않고 공정하지 않은 것은 고쳐져야 한다.

• 나는 옳다. 착하다. 올바르다. 따라서 훌륭하다.

• 나는 완전함을 위해 끊임없이 노력하는 사람이다.

- 부정적 특성

• 분노는 나쁜 것이라는 인식을 가지고 있다.

• 분노를 인정하거나 적절히 처리하지 못하는 잘못된 반응을 형성한다.

• 완벽함이 주위 사람과 갈등을 유발한다.

• 지나치게 비판적이다.

• 인간관계보다 일 처리가 더 중요하다.

• 분노 조절이 잘 안된다.

▶ 2번 유형 : 조력자

나는 늘 필요한 사람이다. 타인에게 도움이 된다고 생각한다. 봉사나 남을 돕는 것을 사명감으로 느낀다.

- 긍정적 특성

• 나는 남을 도와주고 베풀어야 한다.
• 무언가 남에게 줄 수 있는 사람은 훌륭하고, 가치가 있다.
• 나는 다른 사람들에게 필요한 사람이다.
• 먼저 베풀거나 배려하는 것은 가치 있는 일이며, 사랑과 적절한 보상이 있을 것이다.
• 판단력이 좋고 화술도 뛰어나다.

- 부정적 특성

• 봉사적인 일이라고 하지만 사실 대가를 바란다.
• 자신의 필요를 직접 말하지는 않으며, 남들이 알아차려서 되돌려 주기를 원한다.
• 되로 주고 말로 받으려고 한다.
• 늘 좋은 사람으로 이미지 관리한다.

▶ 3번 유형 : 성취자

나는 능력 있고 성공할 수 있다는 자신감

- 긍정적 특성

- 나는 성공한 사람이다. 나는 능력이 있다.
- 나는 유능한 사람으로 가치 있고 멋진 존재이다.
- 사람은 성취나 성공을 통해 인정받을 수 있고 행복해진다.

- 부정적 특성

- 허영(남을 의식, 외적인 것)에 빠지기 쉽다.
- 손해되는 행동은 하지 않으려 한다.
- 약삭빠른 판단력
- 학위, 명예학위, 직업, 지위, 자격증, 타이틀 획득, 수상, 명예단체 등과 같은 것들에 큰 가치와 의미를 두고 행동한다.
- 게으른 사람을 무시하는 경향이 크다.
- 진정한 인간적 관계보다 힘의 논리로 결정한다.

▶ 4번 유형 : 예술가

나는 특별한 존재이고 남과 다른 존재이다.

- 긍정적 특성

- 나는 특별하다. 독창적이다. 그래서 다른 사람과 다른 존재이다.
- 나는 멋있고 개성 있는 사람이며, 그래서 남다른 가치와 의미가 있다.
- 나의 감정과 독특한 이미지는 내 삶에서 매우 중요하다.
- 예술 방면에 재능이 많다.

- 부정적 특성

• 감정과 자신을 일치시키고, 인위적으로 승화시킨다.
• 감정이나 느낌을 직접표현하지 않고 인위적인 승화, 상징, 의식, 멋 부림을 통해 연출하거나 간접적으로 표현함으로써 슬픔이나 고통, 거부의 공포를 완화시킨다.
• 사소한 일에도 쉽게 상처받는다.
• 감정 기복이 심하다.
• 좋아하는 사람에게 가까이 다가가기 어려워한다.
• 전화를 먼저 하는 일도 없고, 남들이 해주기를 원한다.
• 있는 그대로의 자신을 보여주지 않고, 드라마틱하게 자신을 연출하여 보여주려고 하는 이면에는 스스로 자신은 미미하고 가치 없는 존재라는 생각이 자리하고 있다.
• 스스로 미미한 존재라는 생각에 고상한 취미, 드라마틱한 이미지를 창출해 자존심을 회복하려고 한다.
• 외모, 이상, 화장 등 평범하게 하는 것을 두려워한다.

▶ 5번 유형 : 사색가

아는 것이 힘이다. 나는 생각한다, 고로 존재한다.

- 긍정적 특성

• 나는 현명하다. 나는 많이 알고 있다. 나는 남다른 통찰력이 있다.
• 지식을 늘 추구한다.

- 지식과 아는 것은 가치 있고 의미가 있는 일이다.
- 나는 잘난 사람이다.

- 부정적 특성

- 지식을 기준으로 사람을 판단한다.
- 학력이 낮으면 무시하는 경향이 있다.
- 늘 공부하는 태도를 취한다.
- 사고와 상상을 통해 매사를 정리하고 이해하려 하며, 그것들이 자신만의 논리와 합리성을 지녀 왜곡되거나 미흡할 수 있음을 인정하기 어렵다.
- 자신이 생각한 결과가 현실과 다를 경우 당황해하고, 합리화하는 편이며 자기방어적이다. 따라서 남들의 요구나 개입을 원치 않는다.
- 육체적 활동을 회피한다.
- 침묵이나 비 참여적인 태도를 선호하여 다른 사람들에게 건방지고 냉정하게 보여 상처를 줄 수 있다.

▶ 6번 유형 : 충성가

주어진 일에 책임감이 강하다.

- 긍정적 특성

- 나는 책임감이 강하고, 충실하며, 나에게 주어진 일은 최선을 다 해내는 사람이다.

- 나는 성실하고, 성실한 삶은 우리의 안전에 직결되며, 안전은 삶에서 매우 가치 있는 것이다.
- 사람은 충실해야 하며, 그렇게 살아야 안전하다.
- 주어진 일에 최선을 다한다.

- 부정적 특성

- 안전하고 확실한 것만 추구한다.
- 확실하다고 검증된 틀에서만 행동하거나 시키는 대로만 한다.
- 많은 생각과 걱정에 자신의 생각을 제대로 정리하기 어렵고, 조리 있게 말로 표현하지도 못하며, 비논리적이거나 공격적이기 쉽고, 머리형답지 않게 감정이 격해져 화를 잘 내고, 오래간다.
- 자신감이 부족하고 남이 보호 아래 있을 때 행복하다.
- 리더보다 참모형 업무를 잘 수행한다.

▶ 7번 유형 : 낙천가

즐거운 인생이 최고의 가치관

- 긍정적 특성

- 나는 행복하고 멋지다.
- 나는 즐겁고 쾌활한 삶을 살고 싶다.
- 재미있고 유쾌한 일은 인생에서 가치가 있다.
- 나는 고통이 없이 멋지고 행복하게 살아야 한다.
- 아이디어가 많고 다재다능하다.

- 부정적 특성

• 고통이나 슬픔, 어두운 것을 보지 않고, 회피 또는 부정한다.
• 인생은 즐거움이 답이다.
• 쾌락과 재미가 없으면 삶의 의미가 없다.
• 낙천주의자
• 자기도취적 성향이 강하다.

▶ 8번 유형 : 지도자

나는 강하다. 권력과 승리를 추구한다.

- 긍정적 특성

• 나는 강하고 힘이 있다.
• 무엇이든지 할 수 있고, 누구와도 맞설 수 있다.
• 이 세상에서는 힘이 있어야 살아남는다.
• 강한 것은 가치 있고 의미 있는 것이다.
• 강한 자가 삶의 기준이다.

- 부정적 특성

• 자신의 뜻에 맞지 않으면 모든 것을 부정하고 부인한다.
• 자신의 약점, 힘의 한계를 인정하지 않는다.
• 자신의 실수·잘못·화·실패 등을 내게 된 책임을 다른 사람 탓으로 돌린다.
• 거친 말이나 욕, 비꼬거나 곯리기, 혹은 약자를 희생양으로 만들

기도 한다.

- 자신만의 정의로 타인에게 상처를 줄 수 있다.
- 나대는 성격으로 손해는 일이 자주 생긴다.

▶ 9번 유형 : 중재자

기다리면 모든 것이 잘될 것이다.

- 긍정적 특성

- 나는 갈등이 없는 평화를 사랑한다.
- 만사태평
- 평화는 참으로 의미 있으며 가치가 있는 것이다.
- 나는 침착하고 느긋한 평화주의자이다.

- 부정적 특성

- 삶의 도전이나 긴장에 직면했을 때 뒤로 물러나거나 이를 도피하는 경향이 크다.
- 중독 상태에 빠지거나 자아라는 정체성이나 존재감이 없는 상태로 빠질 수 있다.
- 현실도피의 수단으로 스포츠, 카드놀이, TV·비디오 시청, 인터넷, 게임, 골동품 수집, 술 등에 고착되어 중독 상태에 빠질 수 있다.
- 답답한 판단을 하는 경우가 많다.
- 매사에 게으른 사람이 여기에 포함된다.

간략하게 성격유형을 정리해 보았다. 대체로 이런 유형이 있다는 것이며, 모두가 이렇다는 것은 아니다. 사람과 관계할 때 참고하면 많은 도움이 된다. 우리는 나와 상대가 의견이 일치하지 않으면 나는 옳고 너는 틀렸다고 하는데 이것이 문제의 출발이다. 같은 문항을 놓고 검사를 진행해 보면 답이 다르게 나오는 것을 볼 수 있다. 나와 너의 성격이 틀린 것이 아니라 다르다고 인정해야 한다. 그렇다고 애니어그램이 모두 옳다고 할 수도 없다.

사람의 성격은 지속적으로 변화한다. 자기가 옳은 쪽과 쉽고 편한 쪽으로 치우치며 늙어간다. 우리는 흔히 생각을 바꿔라 또는 바꿔야 한다고 말한다. 이 말은 잘못된 말이다. 생각은 무의식에서 자동으로 떠오른 것인데 어떻게 생각을 바꿀 수 있을까? 이것을 잠재우기 위해서 불교는 생각을 비워라, 명상을 통해서 생각을 정리하라고 하지만, 이것 또한 또 다른 잡념으로 이어지기에 생각이 떠오르는 생각을 통제한다는 것은 매우 어려운 일이다.

생각을 바꾼다는 말은 성립되지 않는다. 생각하는 방식을 바꿔야 한다는 것이 옳은 표현이다. 어떤 상황이 발생하면 문제를 해결하기 위한 방식으로 자신만 유리한 것이 아니라 타인의 유리함과 불리함이 무엇인지 생각하는 패턴을 써야 성격이 유연성 있게 된다. 유연성이 없다는 것은 막혀 있다는 말이고 막혀 있으면 대화하기 어렵다. 이런 경우 답답한 사람이라고 표현한다. 자기만의 세상에 갇혀서 모든 것을 본인 중심으로 생각하고 결정하는 사람은 결국 인간관계에서 어려움을 겪는다.

세상에 생기는 일 중, 내가 유리하면 유리한 만큼 상대는 불리하게 되어 있다. 조직에서 업무를 처리하는 것을 잘 보면 이해가 쉽다. 누군가 일 처리를 잘못하는 사람이 있으면 반드시 그 조직 누군가는 그 사람의 일을 더 하는 사람이 있게 되어 있다. 세상의 원리는 한결같다. 따라서 생각하는 사고방식을 바꿔야 관계를 잘 유지 할 수 있다.

답답하다는 것은 나는 옳고 너는 틀렸다는 주장이 강한 사람이다. 자기만 늘 유리한 쪽으로 계산하며 주장하는 사람이기에 이런 사람은 주위에 사람이 없다. 자기중심적 생각을 하는 방식으로는 생존력이 낮아진다.

4장
이분법적 사고와 통합적 사고방식

사고방식과 선택의 기준

사고방식은 두 가지로 나뉜다. 이분법적 사고방식과 통합적 사고방식이 그것이다. 이분법적 사고란 둘 중 하나, 흑백논리로 이것 아니면 저것만을 생각하고 선택하는 것이다. 반면에 통합적 사고방식은 이것과 저것을 의식하며 수용하는 태도를 말한다.

통합적 사고에 대한 사전적 정의가 명확하게 정립되어 있지는 않다. 하지만 분명한 것은 이분법적 사고로 인해 발생한 문제에 대한 해답을 통합적 사고에서 찾을 수 있다. 아리스토텔레스는 지성에 관해 이렇게 말했다. "어떤 생각에 동의하지 않으면서도 그것을 환영할 수 있는 것이 교양 있는 지성의 증거이다." 동의하지 않는 의견과 동의하는 의견을 동시에 생각하고 수용하는 것이 통합적 사고의 실천이다. 상충 되는 두 가지 선택 중 어느 것 하나도 무시하거나 배척하지 않는 것, 그것이 통합적 사고이다.

그렇다면 삶에서 통합적 사고를 실천하기 위해선 어떻게 해야 하는가? 사고를 바꾸는 것과 바뀐 사고를 적용하는 것은 별개의 문제다. 후자는 끊임없는 사고와 행동으로 옮기는 것이다.

삶의 방식을 결정짓는 두 가지는 사고방식과 행동방식으로 분류할 수 있다. 행동방식은 사고방식에 많은 영향을 받기 때문에 출발점은 생각하는 사고방식이다. 사고방식이 긍정적이고 낙관적이면 낙관적인 행동방식이 나오고 부정적이면 비관적 행동이 나오는 것이다. 즉 어떤 문제가 발생했을 때 긍정적으로 생각하느냐, 부정적으로 생각하느냐에 따라 결과는 많이 다르다는 것은 많은 연구가 있다. 부정적 사고는 잃은 것에만 극히 치우친 결과이고, 긍정적 사고는 잃음과 얻음의 사고가 포함되어 있을 때의 사고방식이다. 전자를 이분법 사고방식이라 하고 후자를 통합적 사고방식이라 한다.

사람은 선택의 동물이라 한다. 눈을 뜨는 순간부터 선택하며 산다. 일어날까, 말까 아침을 먹을까 말까, 무슨 옷을 입을까, 차를 가지고 나갈까 말까, 휴대폰으로 무엇을 보며 출근할까? 등 하루에 수백 번 선택한다. 선택한다고 생각하지 않고 무의적으로, 다시 말해서 그냥 자동으로 선택하고 행동하게 된다. 무슨 기준으로 선택할까를 생각해 보면 기준은 너무나 이기적이고 단순하다.

첫 번째, 쉽고 편한 것만 선택한다.

무엇이 되었든 간에 쉽고 편한 것에 초점이 있다. 힘들고 어려운 것은 피하려고 무의적으로 행동한다. 이것은 당연하다. 이분법으로 생각하고 선택했기 때문이다. 둘 중 하나를 선택하는 것에 익숙해졌기 때문이다. 선택 할 때 순차적으로 하나씩 선택하지만, 동시에 두 개를 선택하지 못한다. 정상적인 삶이 되려면 쉽고 편한 방법으로 선택하는 것이 지속적으로 가능할지 생각해 보아야 한다. 무엇을 얻고자 하려면 그만큼 고통이 있어야 한다. 매번 고통을 피하고, 쉽고 편한 것이 통용된다면 공짜로 얻을 수 있는 세상이 가능해야 한다.

두 번째, 잃지 않고 얻으려고 한다.

경제학 이론에서 최소비용으로 최대효과를 얻는 것이라고 설명한다. 혹은 한 번쯤은 가능할지 모르지만, 지속적으로 불가능하다. 어찌 최소비용으로 최대효과를 낼 수 있을까. 최소비용이란 것이 무엇까지 포함되어 있는지는 알 수 없지만, 이것은 에너지 보존 법칙에도 맞지 않는다. 자연의 이치에 맞지 않는다는 의미이다. 자연의 원리는 잃은 만큼 얻는 것이 원칙이다. 농사짓는 것을 보면 알 수 있다. 농부가 농작물을 보살피는 만큼 수확량이 증가한다. 게으른 농부는 그만큼 얻을 것이 없다. 이것이 자연의 원리이다.

세 번째, 나만 이롭게 결정한다.

무엇을 결정할 때 나만 이롭게 하는 경우도 많다. 이것 또한 에너지 보존의 법칙에 위배 된다. 나만 유리하게 지속적으로 결정할 수 없다. 이것 또한 세상에 공짜가 있어야 설명이 가능하다. 세상에 공짜가 있으려면 에너지 보존의 법칙을 다시 반증해야 가능하다. 이것이 성립되지 않을 것이라고 생각하면서도 왜 반복적으로 쉽고 편한 것과 잃지 않고 얻으려고 하고 나만 유리하게 하는 선택을 반복할까?

인간만이 가지고 있는 무한욕구 때문이다. 동물은 당장 배고픔만 해결하면 되는 절대적 욕구를 추구한다. 사람은 지금 배가 불러도 상대적 욕구를 추구한다. 끊임없이 이기를 추구하기에 어떤 방식이든 나에게 유리하도록 결정하고 판단한다. 무엇이든 잃지 않고 얻으려고 하고 자기만 이롭게 결정하는 패턴이 무의적인 행동으로 나오게 된다. 손해를 본다는 판단이 들면 선택을 안 하거나 다른 방법을 모색하여 잃는 것에 대한 방어를 생각한다. 대부분 이런 방식으로 살아가고 있지만 자신이 원하는 대로 되지 않는다는 것이 문제이다. 자신의 판단이 옳았다고 생각하기 때문에 반복해서 결정했지만, 자신의 의견이 틀릴 수도 있고 상대방 의견이 옳을 수 있다는 생각은 하지 않는다.

그래서 그동안 살아온 사고방식이 쉽게 바뀌지 않는다. 정치인을 보면 극명하게 알 수 있다. 좌파와 우파로 갈라져 놓고 정책이나 법률을 논쟁할 때, 보면 자기 소속 정당의 이념과 부합하지 않으면 상대 정당과 타협보다는 밀어붙이는 형태를 보인다. 이런 사고는 나는 늘 옳고 너는 틀렸다는 생각의 틀에 고정되어 있기 때문이다. 나의 선택이 옳다고 주장하는 것은 반대로 너는 틀렸다고 하는 주장과 같다. 자신은 늘 옳았다면서 반복해서 선택한다.

나도 틀릴 수 있고 상황이 바뀌면 결과가 다를 수 있다고 생각을 하는 것이 통합적 사고이다. 이분법은 자신만을 위한 이기적 선택이고, 통합적 사고는 타인을 통해 이기를 추구하는 선택이다. 무엇을 결정할 때 내 입장만 생각하는 것이 아니고 상대방 입장을 고려한 나의 결정이다.

자기만을 위한 이기적 선택은 지속적인 관계가 어렵고 사회생활도 어렵다. 성공한 CEO를 보면 잘 드러난다. 나만 경제적 이익을 추구하는 것이 아니라, 상생기반 동반성장을 추구하는 회사가 글로벌 회사로 발전한다. 수익의 일부를 어려운 사람에게 기부하는 것도 통합적 경영 방식이다. 대기업의 지속경영 방식이기도 하다. 지금 젊은이들의 선택 방식은 점차 통합적 사고는 줄어들고 이분법적 사고방식만 증가하는 추세이다. 이렇게 말하면 젊은이들은 기득권을 가지고 있는 꼰대스타일이라고 말하지만, 객관적 입장에서 생각해 보자.

킥보드를 타고 가다가 목적지에 도착하면 도로 옆이나 지나가는 행인이나 차량을 고려하여 한쪽에 주차하는 것이 일반적이다. 그렇지만 일부 젊은이들이 도로에 그대로 놓고 가는 모습을 볼 수 있다. 얼마나 이기적이고 이분법적 사고인가? 도로에 주차하면 위험하다는 생각조차 안 하고 자기만 편하면 된다는 생각이 우선이다. 본인만 쉽고 편하게 주차하면 된다는 이분법 사고에 매몰된 상황이다. 모든 학생이 다 이런 식으로 하지는 않지만, 이런 행태가 매우 빠른 속도로 증가하고 있다. 이런 행동방식을 본인 스스로는 문제가 없다고 생각하고 당연하게 행동하는데, 그것이 더 큰 문제이다. 타인을 위한 생각보다 당장 본인만 편하면 된다는 사고방식이 사회적인 거래 관계를 어려운 상황으로 만들고 있다.

이분법적 사고는 다른 말로 배제적 사고라고도 한다. 이는 단면적이고 평면적이라면 통합적 사고방식은 양면적이고 입체적이라 한다. 입체적 사고방식으로 가려면 사고능력이 확장되어야 한다. 확장된 사고는 인간관계의 필수이며 생존에 매우 유리하게 작동한다. 이러기 위해서는 경험을 통한 경로 확장이 매우 필수적이다. 그런데 젊은이들은 경험을 통한 경로 확장보다 스마트폰과 같은 전자기기에 의존하여 정보를 수집하는 것이 사고력을 높인다고 생각하고 있는 것 같다. 부분적인 정보는 있을지 몰라도 지혜나 지식을 쌓는 데는 한계가 있다. 정보력이 많으면 자기주장이 확고해지는 것이지 사고의 틀이 확장되는 것은 아니다.

지금까지 인류가 직면했던 모든 문제는 양자택일의 이분법 사고에서 비롯되었다. 문제는 양쪽이 균형을 이루지 못해서 발생한다. 국가 간의 전쟁도, 사회생활의 관계도, 가족의 문제도, 모든 것이 나를 기준으로 나만 얻으면 된다는 사고방식에서 비롯된다. 이러한 사고방식이 일상화하고 있고 더욱더 심화되고 있어 매우 불안한 사회가 형성되고 있다. 묻지마 폭행이나 이해관계가 전혀 없는 사람을 살해하거나 열심히 취업해서 회사 다니다가 마음에 안 들면 회사에 통보도 없이 회사를 그만두는 것도 이분법적 사고가 매우 치우칠 때 발생한다.

현재의 모습과 결과에 문제가 있다면 그것은 지금까지의 방식에 문제 때문이다. 자신의 현재 생활 수준은 지금까지 살아온 방식이 낳은 결과이다. 이렇게 익숙한 이분법적 사고의 삶을 살 것인지 낯설고 힘들지만, 이타를 통한 이기를 추구하는 통합적 사고로 살 것인지 신중하게 생각해 봐야 할 시점이다. 앞으로 더 나은 모습과 결과를 원한다면 지금까지의 방식을 바꾸어야 한다.

공부의 결과로 나타나는 성적을 보자. 현재의 성적은 지금까지 공부한 방식이 낳은 결과이다. 지금 성적이 만족스럽지 않다면 지금까지의 공부 방식에 문제가 있는 것이다. 그저 공부를 더 열심히 한다고 더 나은 성적이 나오지 않는다. 같은 방식은 같은 결과를 낳을 수밖에 없기 때문이다. 더 나은 성적을 원한다면 지금까지 하던 방식이 아닌 다른 공부 방식으로 바꾸어야 한다. 삶도 건강도 마찬가지다. 세상 원리는 똑같다.

지금 몸과 마음의 건강에 문제가 있다면 지금까지의 생활방식에 문제 때문이다. 지금까지 먹고 자고 일하고 쉬는 방식에 문제가 있어 건강에 문제가 생긴 것이다. 건강은 생활방식의 결과이기 때문에 단순히 좋은 약을 먹는다고 건강이 더 나아지지 않는다. 약은 다만 증상을 완화해 주거나 통증을 줄일 수 있는 도구일 뿐이지 근본적인 건강의 문제를 해결해 주지 못한다.

먹고 자고 일하고 쉬는 생활방식 전체를 바꾸어야 건강을 기대할 수 있다. 어떤 공부 방식으로 바꾸어야 더 나은 성적을 올릴 수 있고, 어떤 생활방식으로 바꾸어야 더 나은 삶을 살 수 있을까? 이런 방식은 단지 젊은이들에게만 문제가 있다고 할 수는 없다. 기성세대인 부모나 정책을 펼치는 정치인들이 문제를 더욱 부채질하고 있다.

청년창업 지원한다고 정부 부처를 보면 젊은이들을 아무 생각 없게 만들어 놓고 있다고 해도 과언이 아니다. 교통비부터 주거지원 창업, 취업패키지 등 부처마다 혼란스럽기까지 하다. 이런 지원제도를 지원받아서 성공할 수 있을까? 성공률이 매우 낮다. 사고방식은 그대로인데 경제적 지원을 한다고 결과가 다르게 나오지는 않기 때문이다

사고방식을 바꿔야 한다. 쉽고 편한 생활에 익숙한 젊은이들은 힘들고 어려운 사고방식 으로 전환하려고 하지 않는다. 참으로 우려되는 우리 사회구조이다. 쉽고 편하게 지속적인 생활이 이어질 수 있다면 세상에 공짜가 있다는 것을 증명하면 된다. 이것이 가능할까? 삶의 문제도 삶의 방식이 낳은 결과이다.

인생길도 지금보다 더 나은 다른 결과를 원한다면 더 나은 결과를 낳을 수 있는 방식으로 생각하고 행동해야 한다. 지금까지 가지지 못했던 것을 가지려면 이제까지 가지 않던 길을 가야 한다. 다른 결과를 원한다면 다른 방식으로 인생길을 가야 한다.

방식을 바꾸는 가장 근본적인 방법은 지금까지의 방식과 반대되는 방식으로 바꾸는 것이다. 지금까지 생각하고 행동하던 방식과 반대되는 방식으로 생각하고 행동하면 문제를 벗어날 수 있다. 방법을 제시한다고 해도 누구나 방식을 바꾸는 선택은 쉽지 않다. 이유는 힘들기 때문이다. 나를 변화시킨다는 것은 지금까지 살아온 방식을 바꾼다고 말이다. 바꾼다는 것이 지금까지 살아온 방식을 부정해야 하고, 부정한다는 것은 자신이 살아온 삶을 부정해야 하기에 힘든 것이다.

혁신이란 말을 가장 많이 사용하는 사람들은 아마 정치인일 것이다. 자기를 버려야 한다고 하지만 자신의 기득권을 잘 이용하고 있다. 그만큼 모순이다. 자기모순을 인정해야 혁신이고 방식을 바꿀 수 있다. 원리나 지식을 정리하지 않고 자신의 모순을 품을 수 있는 사람은 거의 없다. 그래서 방식을 바꾼다는 것이 어렵다. 장래를 위해, 건강한 삶을 위해 이분법에서 통합적 사고방식으로 바꿔야 삶을 잘 살 수 있다.

경로를 확장하면 생각의 틀이 넓어진다

삶과 세상을 꾸려가는 능력은 지식과 지혜로운 필요성이 있어야 한다. 필요성이 있으면 어떤 방법이든 찾으려고 노력하게 된다. 지식은 곧 정보이고, 지혜는 경험을 바탕으로 빚어지는 통찰이다. 지식과 지혜는 뇌의 활동이며, 뇌의 활동은 뇌 신경체계의 회로망을 통해 이루어진다. 뇌신경의 회로망은 경험에 의해 구축되면 필요성이 생긴다. 경로는 경험으로 인해 뇌신경 체계에 형성된 회로망이고, 뇌는 이 회로망을 이용해 문제를 해결하는 능력을 발휘한다. 공부하는 능력, 운동하는 능력, 생존하는 능력 등 모두가 뇌 신경망의 경로를 통해서 나온다.

뇌과학자들이 밝히고 있듯이 뇌신경은 뉴런이라는 미세한 신경세포로 구성되어 있다. 뉴런은 가지를 뻗어 다른 뉴런들과 연결되어 신경망을 이룬다. 뇌신경망은 신경세포 끝에 있는 시냅스가 신경세포 사이에 신호를 전달하는 회로들로 이루어진 네트워크이다. 우리의 생각, 감정, 행동 모두 신경망이 서로 연결되어 이룩된 네트워크에서 일어난다.

우리의 능력은 경험을 통해 구축된 뇌신경망의 네트워크에 달려 있다. 선천적으로 물려받은 지혜와 후천적으로 학습된 경험이 모든 능력의 바탕이다. 물려받고 배운 경험의 범위 안에서만 능력을 발휘할 수 있다. 이것을 필요성의 기준이라 한다. 생각만 하고 행동에 옮기지 않거나, 생각도 하지 않고 행동도 변화하지 않는 것은 필요성이 낮기 때문이다. 필요성이 낮으면 인간관계에 어려움이 발생하고 생존에 불리하다. 사회에 필요한 존재가 되지 못한다.

경쟁을 해야 하는 기업이 필요로 하는 인재는 바로 새로움을 창조할 수 있는 창의력을 갖춘 인재이다. 어떻게 창의력을 키울 것인가가 중요한 과제이다. 세상이 필요로 하는 창의력의 핵심 토대는 필요성이 전제되어 있는 경험이다. 다양한 경험으로 뇌신경망의 경로를 확장하는 것이 새로운 해법을 찾아내고 새로운 것을 창조할 수 있는 창의력을 높이는 비결이다. 뇌는 언제나 새로운 회로망을 구축해서 새로운 능력을 수행할 수 있기 때문이다.

사회활동을 하면서 예상치 못한 일이 발생하거나 어려운 문제가 발생할 때 경험이 많은 사람은 대안과 해결책을 제시할 수 있다. 경험이 부족한 사람은 의존하여 문제를 해결하려고 한다. 이렇게 경험을 통한 해결책을 도모하는 것을 경로 확장이라고 한다. 이것은 새로운 것에 대한 두려움에서 벗어나야 만이 얻을 수 있기에 젊은이들은 다양한 경로 확장을 통해 의식을 넓혀야 한다. 젊은 시절 많은 사회 경험을 하게 되면 공부를 열심히 해야 하는 필요성도 생기고 경로 확장에 매우 좋은 기회가 된다. 이런 문제는 늘 무엇인가 해보려고 하는 필요성이 있어야 하며, 필요성이 없으면 결국 경험도 창의력도 없는 그냥 상상의 시간이 된다. 필요성을 가지려면 삶의 원리를 알아야 한다. 삶의 원리는 우주의 원리인 맞물림 원리를 이해하면 된다. 그렇게 되면 더욱 필요성이 높아질 것이다.

대학을 다닐 때, 공부만 열심히 하면 된다는 의견과 공부와 경험 두 가지를 해야 한다는 의견이 있을 수 있다. 전공에 따라 다를 수도 있고 공부의 난이도에 따라 다를 수는 있지만 일반적인 학생이라면 저자는 후자라고 말하고 싶다. 이유는 무엇을 얻고자 함은 체득하지 않으면 얻을 수 없기 때문이다. 경험하지 않으면 생각뿐이라 경로 확장이 안 되어 어떤 상황이 발생하면 대처하는 것이 미흡하기 때문이다.

여기에서 쓸모라는 단어를 다시 떠올린다. 쓸모의 가치가 매우 낮은 사람이 되는 것이다. 직장인이나 모든 사회 구성원도 마찬가지이다. 새로운 것에 대한 도전이 두렵지만 생존욕구에 기반을 튼튼하게 하기 위해서는 경로확장이 매우 중요하다. 3년 전부터 귀농·귀촌 아카데미에서 갈등 관리에 대한 강의를 하고 있다. 여기서 많은 분을 만나보면 대부분은 삶에 대한 경로가 너무 좁아서 귀농·귀촌하여 생존력이 있을까? 하는 생각을 아주 많이 하게 된다. 막연한 귀농·귀촌과 도시탈출을 하고자 하는 귀농, 도시생존이 어려워 귀농하고자 하는 등 이유는 다양하지만, 경험을 통해서 경로 확장을 하는 사람은 거의 없는 듯하다.

이렇게 경로가 좁으면 사람들과의 관계가 안 되고 결국 성공하는 확률보다 실패하는 삶으로 살게 된다. 이는 귀농·귀촌만의 문제가 아니다. 모든 관계가 일맥상통하는 원리이다. 따라서 경로를 확장하는 기회가 나의 삶을 윤택하게 한다.

익숙한 정체성을 새로운 나로

세상 모든 것이 변화하듯이 나도 변해야 한다. 이것의 출발은 항상 오래된 나와 새로운 내가 맞물려야 한다. 오래된 나와 새로운 내가 맞물려 균형을 이룰 때 생명력이 충만한 바람직한 상태가 된다. 우리는 익숙한 패턴으로 반복되는 삶을 살고자 애를 쓴다. 내가 나답게 여기는 나는 오래되어 익숙한 나이고, 오래된 나는 스스로를 강화하고 나답지 않게 여겨지는 새로운 나를 배척한다.

오래된 나를 유지해 똑같은 사람으로 남아 있으려고 하는 성향을 정체성이라고 한다. 다른 말로 성격의 틀이라고도 한다. 누구든지 자기 생각과 주장이 있어서 이래야 한다 저래야 한다를 주장하는 것을 정체성이라고도 한다. 다른 말로 '나다운 나' 또는 '보이는 나'라고도 한다. 남자는 이래야 하고 여자는 이래야 하고, 교수는 이래야 하며, 아버지는 이러쿵저러쿵하는 관습과 기준을 말하는 것을 '보이는 나'라고도 한다. 남자는 울면 안 되고, 여자는 조신해야 하며, 제사는 이렇게 해야 하고, 학교생활은 어떻게 하는 것이고 사회의 리더는 욕을 하면 안 되고 등 사회적 규범이나 규칙을 통한 사회적 관습과 행동방식을 습득하여 자기화한 것을 나의 틀이라고 한다. 이런 것을 그냥 나라고 하기도 하고 정체성이라고 하기도 하며 생각의 틀, 사고방식이라고 표기하기도 한다.

신경과학자들의 말에 따르면 정체성은 오래되어 익숙한 뇌신경망의 연합이다. 어떤 것을 반복하면 이에 반응하는 뇌세포들은 오랜 관계를 갖게 되고, 신경망은 오랜 시간에 걸쳐 관계를 가진 신경세포들을 연합하여 정체성을 형성한다. 정체성은 반복된 경험이 만들어 낸 산물이다. 똑같은 경험이 반복되면 정체성이 강화되어 똑같은 사람이 되고, 색다른 경험이 반복되면 정체성이 변화되어 다른 사람이 된다. 그래서 자신을 뒤돌아보는 교육과 경험을 강조하는 것이다.

신경과학자인 조셉 디스펜자는 "본래 변화가 의미하는 것은 오래된 나를 포기하는 것이고 정체성을 포기하는 것이다"라고 말했다. 이것을 실천으로 옮긴다는 것은 개종하는 만큼 어렵다고 한다. 오래된 나를 유지하고자 하는 것이 사람들의 일반적인 사고방식이다. 나 스스로 나의 삶이 만족스럽지 못하다면 나를 바꾸어야 한다. 나의 삶을 바꾸고 싶다면 먼저 나를 바꾸어야 하고 나를 바꾸려면 오래된 나의 정체성을 포기해야 한다. 과거로부터 살아온 본인의 삶이 잘못되었다는 것을 스스로 인정해야 한다. 자기를 부정한다는 것은 그만큼 고통스럽고 모순이라 어렵다.

자기부정이 가능할까? 정체성은 뇌신경망의 연합이므로 나를 바꾸려면 뇌 신경망을 변화시켜야 한다. 뇌신경망의 변화는 새로운 나를 만들기 때문이다. 지금 내가 인지하는 나는 뇌신경망에 자리 잡은 기억의 거울에 비추어진 모습이다.

오래된 나는 오래된 경험의 기억 속에 머물러 있다. 나의 기억 속에 있는 사람, 사건, 시간, 장소 그리고 생각과 행동의 패턴들을 반복해서 확인하며 집착한다. 집착하는 이유는 쉽고 편하기 때문이다. 변화는 힘들기에 회피하는 것이고 오래된 기억 속에 머물며 집착하는 것이 쉽고 편하기 때문이다. 그러나 오래된 내가 지속되면 사고의 틀이 견고해지고 계속되면 오래된 나는 생기와 활기를 잃고 굳어진다. 이것이 지금 우리들 삶의 모습이다.

새로운 경험으로 오래된 나를 넘어서 새로운 나를 확장해야 한다. 새로운 나를 확장해 오래된 나와 맞물려 균형을 이루면 나는 생기 가득하고 만족스러운 삶으로 거듭날 수 있다. 그러나 변화하려는 필요성이 낮으면 그냥 안주하여 생존한다. 생존에 위협이 없는 직업은 그래서 생각의 틀이 좁다. 공무원, 교사, 교수, 연구원 등 한 가지 직업으로 평생 생존을 하는 직업군이다. 이들을 답답한 사람들이라고 표현하는 전문가 집단들이 많다. 생존에 위협을 느껴야 새로운 나를 찾는데 그렇지 않기 때문이다. 이런 직업군도 이제는 변화해야 한다. 오래된 나와 새로운 것의 맞물림이 있어야 생존에 유리하다.

신경과학자들이 말하고 있듯이, 새로운 경험으로 오래된 뇌신경의 회로망을 넘어서 새로운 회로망을 확장하면 새로운 사람이 된다. 지금까지와 다른 경험을 하면 뇌신경망의 정체성이 달라져 지금과 다른 사람이 된다. 인간의 뇌에는 다른 종과 구분되는 전두엽이 있다. 전두엽을 통해 자유의지로 의사결정과 행동을 통제할 수 있는 우리는 지금까지 우리가 했던 방식과 다르게 선택하고 결정할 수 있다. 우리는 나를 선택할 수 있다. 익숙함에 머무르는 오래된 나를 선택할 수도 있고, 낯선 길로 나서는 새로운 나를 선택할 수도 있다.

낯설고 불편하고 두려워도 새로운 경험의 길로 나서는 것이 새로운 나, 바람직한 나를 위한 선택이다. 새로운 길을 선택하지 않으면 자연히 익숙한 길을 선택하는 것이 된다. 오래된 나를 지속적으로 유지하고 싶은 것은 변화가 두렵기 때문이다. 변화한다는 것은 새로운 길을 선택하는 것이고 새롭다는 것은 경험하지 않은 것이다. 경험하지 않은 것은 자신이 없고 자신이 없다는 것은 실패할 수 있다는 전제가 있기에 두렵다.

사람들은 같은 사고방식으로 살아가기를 원한다. 이것은 동물과 같다. 동물은 늘 다니는 길로만 다닌다. 그래서 덫에 잘 걸린다. 사람도 정체성을 굳게 다지면 그만큼 덫에 걸릴 확률이 높다. 이런 동물과 같은 사람은 나이가 들수록 더욱 견고하고 틀이 강해진다. 나이가 들면 틀이 좁아서 같은 단어를 반복하여 사용하거나 쓸데없는 말을 많이 하게 된다. 이것을 극복하기 위해서 시대에 따라 또는 상황에 따라 사고의 틀을 변화해야 한다. 이것이 정체성을 변화하는 것과 같은 맥락이다. 나이가 들수록 필요성이 낮아지는 것이 문제이다. 나이가 들면 고집이 세지고 가족이나 동료 이웃 간의 갈등이 증가한다. 나이가 들면 정체성을 바꾸기 힘들지만, 변화된 삶을 사는 사람이 매우 현명한 사람이다. 이런 사람을 센스가 있다고 하기도 하고 눈치 빠른 사람이라고도 하며 다른 말로 역할 수행을 잘하는 사람이다. 역할을 잘 수행하면 가치가 높아지고 수행력이 부족하면 가치가 낮아진다.

역할 가치가 낮아지면 쓸모가 없다. 쓸모가 없으면 필요가 없기에 소외된 생활을 한다. 특히 남자의 역할 가치가 더욱 더 문제가 된다. 이른바 '삼식이'라는 표현은 하루 세끼 밥만 먹고 다른데 쓸모가 없다는 쓸모 없음을 표현하는 대표적인 말이다. 이 문제를 해결하는 방법은 익숙한 나에서 새로운 나를 찾는 경로 확장이 필수적이다. 새로운 변화에 두렵고 어렵기 때문에 변화를 거부한다. 사람은 무의적으로 안정감을 추구하며 익숙한 것이 편하기에 늘 하던 습관을 선택한다. 회사에서 정년을 했거나 퇴사를 한 경우 상황이 바뀌었으니, 역할도 바뀌어야 하는데 늘 익숙한 패턴대로 한다. 이러면 쓸모가 없고 가사에 역할이 없기에 삼식이라는 말이 생긴다. 상황에 따라 그 상황에 맞는 역할을 하는 것이 쓸모 있는 사람이 되는 것이다. 쓸모가 있으면 필요한 존재가 된다. 젊었을 때 활동 역할이 높지만 나이가 들면 경제적 활동력이 낮아서 현재 상황에 맞는 역할을 해야 한다. 그것이 잘 사는 길이다.

대부분 사람은 젊어서 돈 번다고 고생했으니 나이 먹어서 쉬는 것이 당연하다고 생각한다. 그렇다면 가족의 도움 없이 열심히 돈 버는 경제적 행위를 할 수 있을까? 나의 존재만 생각하고 가족의 존재는 고려하지 않는 이분법 사고 때문에 이런 오류가 발생한다. 이런 잘못된 계산 방식은 황혼 이혼이 증가하는 이유 중 하나이다. 나이가 들면 자기중심적으로 성격이 확고해지는 것이 일반적인 현상이기 때문이다.

균형을 이루는 삶

익숙한 것은 편하고 낯선 것은 불편하다. 새로운 변화, 새로운 경험으로 나아가는 길은 낯설어서 불편하고 힘들다. 불편하고 힘든 것을 피하고 싶어 하는 이유이다. 그러나 편함과 불편함은 맞물려 있기에 불편함이 없이 편함이 있을 수 없다. 불편함을 피하고 없애면 반대쪽에 맞물려 있는 편함도 없어진다.

불편함이 전혀 없이 편함만 있다고 하자. 불편함이 전혀 없는 편함은 곧 편한 맛이 사라지고 늘어지고 쳐지는 지루함으로 바뀌고 만다. 사람들은 누워 있으면 편하다고 생각한다. 편안함을 느낀다는 것은 힘들게 일했을 때 느끼는 것이지 실직하여 집안에서 늘 누워서 지낸다고 하면 편안함을 느낄 수 있을까? 또는 건강이 문제가 있어 입원하여 누워 생활하고 있으면 편한 것이 아니라 고통스럽다는 것은 모두가 아는 사실이다.

이렇듯 편안함은 불편함이 함께 존재할 때 의미가 있다. 삶도 마찬가지이며 불편하고 힘든 것을 피하지 말고 받아들여야 한다. 소나기 올 때 피하는 것이 상책이라며 힘든 상황은 피하고 본다. 힘든 것을 피한다는 것은 힘든 것이 없는 편한 쪽으로 치우치는 것이고, 싫은 것을 피하면 싫은 것이 없는 좋아하는 쪽으로 치우는 것이다. 치우침 없이 균형을 이루는 길은 익숙함에 머물지 않고 낯선 쪽으로 나아가는 것이다. 그리하여 익숙함과 낯선 것이 맞물려 균형을 이룰 때 새로운 길이 열린다. 변증법의 정반합에서 정과 반이 맞물려 합이 되는 것과 같다.

피하지 말고 뚫고 나아가라. 있는 그대로 불편하고 힘든 것을 정면으로 마주하고 견디며 뚫고 나아가라. 비가 내리면 빗속을 뚫고 나아가야 한다. 비를 피한다고 비가 그치거나 없어지는 것이 아니기 때문이다. 비를 맞는 불편함을 마다하지 않고 빗속을 뚫고 나아가면 비로부터 자유롭고 편해진다.

감정도 균형의 문제다. 힘든 일이 닥쳤을 때 주변에서 흔히 긍정적으로 생각하라고 말한다. 긍정적으로 생각하면 진정 행복할까? 뉴스위크는 긍정심리학의 부정적 측면에 관한 글을 게재했다. 오늘날까지 지속되어 온 긍정적 사고의 시작은 1952년 발행된 노먼 빈센트 필 박사의 저서 『적극적 사고방식』이다. 뉴욕타임스 베스트셀러에 32주 동안 올랐을 정도로 인기를 누렸고, 사람들은 저마다 긍정적 마인드를 갖기 위해 노력하기 시작했다.

긍정적 사고의 운동은 이후 2002년 <워싱턴 포스트>, 2006년 <BBC>, 2007년 <뉴욕타임스> 등 매체에 소개되면서 확산되었고, 현재까지도 계속되고 있다. '긍정적인 생각이 항상 좋은 결과를 가져다주었는가?'라는 의문은 해결되지 않았다. 긍정적인 생각이 부정적인 생각보다 나을 수 있지만 항상 좋은 결과를 얻는다는 사실은 진실이 아니다. 적극적이고 긍정적인 사고방식만 있다면 누가 이 세상을 어렵고 힘들게 살고 있을까?

부정적 사고를 배제한다면, 긍정적 사고도 배제되기 마련이다. 실제로 최근 긍정적 사고에 대한 회의적인 목소리가 나오고 있다. 노렘 교수는 "긍정적인 사고가 일시적인 만족감을 줄 뿐 근본적인 해결책이 될 수 없다"고 말했다. 긍정적 사고에 치우침으로써 현실의 압박으로부터 일시적 해방감은 느끼겠지만, 이는 현실을 직시하지 못하도록 만든다는 것이다. 긍정적 사고는 긍정에 의존하여 치우친 감정 또는 치우친 사고를 하게 되고, 결국 좋은 결과를 만들지 못한다. 치우친 상태에서는 상황을 온전하게 볼 수 없기 때문이다.

키르케고르의 실존철학에서는 '인간은 원래 외롭고 고독한 것이니 참고 견뎌야 한다'고 강조한다. 인간은 절망적이고 낯선 세계로 가는 결단을 내려야만 존재의 근본적 불안을 극복할 수 있다고 말한다. 원리나 진리를 모르면 힘들면 피한다. 그런데 원리를 생각해 보면 피하면 반드시 피한만큼 대가를 지불해야 한다. 이것이 우주의 원리이다. 세상에 공짜는 없다고 하는 원리이며 맞물림 원리이고 자사가 주장한 중용의 원리이다.

중도는 상대의 방식과 내 방식의 절충을 통해 오를 수 있는 고지가 아니고 상대와 내가 함께 창조해 나가는 더 높은 방식이다. 이분법적 사고가 아니고 포함적 사고 차원을 말하는 것으로 불편함과 편함이 함께 있다. 당장 편한 것은 편한 것이 아니고, 또 다른 어려움이 있다. 그래서 늘 맞물려야 한다. 어렵게 일을 해야 휴식 시간이 즐겁다. 늘 놀고 있는 실직자나 노숙자에게 휴가란 없다. 일을 하지 않기 때문에 휴가란 단어가 성립이 안 되고 즐거움도 없는 것이다.

세상의 모든 것은 하나로 존재하지 않는다. 양쪽에 두 개가 요소가 맞물려 있어야 존재한다는 것이라고 수차례 반복했다. 늘 행복하면 행복감을 느끼지 못해서 결국 불행해진다. 여행갈 때 가이드를 생각하면 이해가 쉽다. 여행객은 열심히 일하고 떠나는 여행이라 즐겁지만, 가이드는 여행이 아니고 일상의 일이기에 즐거움은커녕 힘들어한다. 가이드는 조용하게 호텔에서 쉬는 것이 더 행복감을 느낀다. 그러니 여행이 아니고 생존의 연속이기에 즐거움을 느끼지 못한다. 이렇게 세상의 원리는 맞물릴 때 새로운 차원이 열린다. 이것이 맞물림 균형의 원리이고 세상의 이치이다.

잘난 것이 아니고 역할 가치가 높은 것

공공기관에서 귀농·귀촌인 강의를 종종 한다. 한번은 강의장에 들어가니 지각한 여성분이 헐레벌떡 들어와서 맨 앞줄에 앉더니 책상 위에 명품 가방을 올려놓았다. "핸드백이 참 예쁘고 좋아 보이네요. 명품이네요"라고 말을 붙였다. "해외여행 갔다 오면서 하나 샀다"고 대답이 나왔다. "명품 핸드백이 꼭 필요한가요?"라고 이유를 물었더니 "명품백이 있으면 뭔가 있어보이고 자신감을 얻는다"고 하였다. 맞는 말일까?

비싼 명품 핸드백을 들고 다니면 자신감이 생긴다면 그렇지 못한 상황이 되면 자신감이 없어진다는 말이 된다. 외모나 차림새가 자신감에 영향을 준다는 생각이 사회적인 통념이 된 이유가 무엇일까? 여자는 핸드백에 목숨 걸고 남자는 자동차에 목숨 걸고 산다는 농담도 있다.

우리 사회의 무한 경쟁사회 시스템이 내용보다 형식을 추구한 결과이다. 우리 사회는 남과 비교 우위에 서는 것을 성공으로 여긴다. 따라서 타인은 비교 경쟁의 대상이 되고 말았다. 비교 경쟁의 우위가 곧 성공이고 또한 자신감으로까지 연결되고 있다. 물론 보기 좋은 떡이 맛도 좋다는 속담도 있긴 하다. 이것도 일부 일리가 있고 문화적으로 통용되는 것이 사실이다. 하지만 내용보다 형식의 비중이 점차 높아지고 있는 것이 더 큰 문제이다. 왜 이런 것이 문제가 되는지 생각을 안 하고 행동하는 것, 그것을 자연스럽게 받아들이고 있는 것을 생각해 봐야 한다.

자신감은 비교 경쟁의 산물이다. 자기 능력이나 가치를 믿는 자신감은 비교를 통해서 얻어진다. 자신의 능력과 가치가 남과 비교해서 우위에 있을 때, 또는 자신의 이전과 비교하거나 자신의 다른 것과 비교해서 더 나을 때, 자신감이 생겨난다. 나보다 더 비싼 가방이나 자동차를 가진 사람을 만나면 자신감은 어떻게 될까? 아마도 기회가 되면 자기도 더 좋은 것을 사야겠다는 생각을 할 것이다. 이것이 형식을 추구하는 무한 경쟁에서 발생하는 부작용이다. 내용은 없고 형식에 의존하는 사회의 문제이다. 진정한 자신감은 비교를 통해서 얻어지는 것이 아니고 경험이나 능력을 통해서 얻어지는 것이다.

본래 능력은 할 수 있음을 말한다. 자신감은 경험하지 않으면 절대적으로 생길 수 없다. 능력은 할 수 있느냐 없느냐의 문제이고, 경험은 반복해서 해 보았을 경우에만 소질이 있는지 없는지 알 수 있다. 비교를 통해서 자신의 능력과 자신감이 생기거나, 생기지 않는다를 따질 일이 아니다.

사실 잘한다, 못 한다를 결정짓는 것은 하느냐 안 하느냐에 달려 있다. 누구나 경험이 많으면 잘하게 되고, 안 하면 못하게 된다. 누구나 많은 시간과 정성을 기울이면 잘하게 된다. 신경과학자 다니엘 레비틴이 내놓은 『1만 시간 법칙』의 연구 결과가 잘 말해주고 있다.

다니엘 레비틴은 작곡가, 야구선수, 소설가, 피아니스트 등 다양한 분야를 조사해 보았다. 어느 분야에서든 1만 시간보다 적은 시간을 연습해 세계 수준의 전문가가 된 경우는 찾아볼 수 없었다. 누구나 1만 시간 정도만 하면 진정한 숙련자의 경지에 도달할 수 있다는 말이다. 1만 시간을 보내는 것이 핵심이 아니라 1만 시간을 몸으로 실천할 것을 강조한다. 생각으로는 얻을 수 있는 것은 없다. 머리로 얻는 것은 쉽게 망각하고, 몸으로 얻는 것은 몸이 기억하기에 오래간다. 그래서 몸으로 경험하는 것이 중요하다.

누군가가 잘한다는 것은 그만큼 경험했다는 말이고, 못한다는 것은 그만큼 경험을 안 했다는 말이다. 자신의 능력과 가치를 잘하고 못하고와 비교해서 안 된다. 자신감이 있느냐 없느냐를 이야기할 일이 아니다. 잘하고 싶으면 정성들여 하면 되기 때문이다. 경험의 중요성을 역설한다. 두뇌의 경로를 확장하여 사고방식의 틀이 넓어지면 역할 가치가 높아져 잘난 사람이 된다.

잘난 사람은 잘난 나를 확인 하려고 하지 않는다. 사람들이 잘한다거나 못한다고 비교해서 하는 말은 잘난 나를 드러내고 확인하려는 의도가 들어 있다. 자신감처럼 자신과 관련해서 통념적으로 널리 쓰이는 자긍심, 자부심, 자존심, 자존감, 자아효능감이란 말들도 역시 모두 잘난 나를 확인하는 느낌과 마음을 나타내는 말들이다.

자긍심은 자기 스스로 자랑하는 마음이고, 자부심은 스스로를 자랑으로 여기는 마음이다. 자존심은 스스로 높여 있는 마음이고, 자존감은 스스로 높게 여겨지는 느낌이며, 자아효능감은 자신의 가치가 크게 느껴지는 것이다. 모두 잘난 나에 대한 확인 반응들이다. 잘난 나는 남과 비교해서 우위에 서는 일이다. 비교는 상대적이기 때문에 더 잘난 사람을 만나면 잘난 나는 무너지게 된다. 무너지면 어떻게든 다시 잘난 나를 회복하기 위해 온 힘을 다한다. 잘난 나를 회복하려면 누군가를 밟고 올라서야 하기에 밟고 올라서기 위해 누군가를 무너뜨려야 한다.

잘난 나가 문제가 되는 것은 바로 남을 무너뜨려야 한다는 사실 때문이다. 누군가의 자신감, 자긍심, 자부심, 자존심, 자존감, 자아효능감 등은 상대를 무너뜨려야 확인할 수 있다. 잘난 것이 최선이라는 통념에서 깨어나야 한다. 비교 우위에서 확인되는 잘난 나는 뒤따르는 비교로 계속 유지하기 어렵기 때문에 행복하다는 느낌이 유지되지 않는다. 잘난 나의 느낌은 남의 마음을 무너뜨리면서 얻어지는 것이기에 무너뜨린 만큼 무너지는 대가를 치르게 된다.

자신감은 자신이 할 수 있다는 믿음에 지나지 않는다. 경험과 믿음을 품고 하면 된다는 사실은 확실한 신념이 자신감이다. 경험이 축적되면 자신감이 생긴다. 할 수 있다는 것은 경험의 결과이기 때문이다. 자신감을 부추기며 경쟁하게 만드는 경쟁 사회의 통념에 휘둘리지 말고, 하면 된다는 사실에 충실하자. 자신의 능력과 가치를 잘하느냐 못하느냐로 가늠하지 말고, 할 것인가 안 할 것인가를 결정하면 된다.

우리는 잘난 사람이 되어야 한다고 가르치고 교육받고 있다. 심지어는 편법과 권력을 동원해서 잘난 사람을 만들려고 온갖 수단을 이용하여 사회 문제가 되기도 한다. 잘난 사람이 되려면 잘난 사람이 무엇인지가 정의가 되어야 한다.

잘난 사람이란 기껏 해봐야 일류대학을 나오고 대기업에 다니거나, 남들이 부러워하는 직업을 갖거나 부유한 생활을 하는 정도로 규정짓는다. 그러고는 마치 목숨이라도 걸어야 하는 것처럼 호들갑을 떨며 잘난 사람 만들기에 경쟁한다. 잘난 사람은 없다. 잘났다고 하는 것은 무엇이든 모두 잘해야 하는데 조물주가 인간을 그렇게 만들지 않았다. 사람이 잘났다고 말하는 자체가 문제이다. 인간은 평등하다 또는 직업이 귀천이 없다고 하는 것과 일맥상통한다.

사람이 잘난 것이 아니라 역할의 가치가 높은 것이다. 자리가 사람을 만든다고 하는 말과 같다. 자리가 역할인데 사람이 잘나서 그 자리에 있다고 판단한다. 물론 잘난 사람이기에 그 자리에 있다고 할 수 있다. 더 정확하게 말하면, 사람이 잘난 것이 아니라 성장하는 과정이나 사회생활 초년기부터 남보다 역할 가치가 높기에 그 자리가 주어지는 것이다. 자리에서 물러나도 그 사람은 늘 잘난 사람으로 남아 있어야 하지만 그렇지 못하다. 높은 자리에 있던 사람은 그만두면 더 힘들어한다. 자기가 높은 자리에 있을 때는 잘난 사람으로 인지하고 있었는데 막상 그 역할이 사라지면 잘난 것이 사라져 존재 확인이 안 되기 때문이다.

직위나 직급도 역할을 부여하는 것이다. 우리는 내가 잘 나서 그렇다고 생각한다. 직급을 부여했는데 직급만큼 역할을 못하면 진급이 안 되거나 퇴출당한다. 사람이 잘난 것과 역할 가치가 높은 것을 구분할 줄 아는 사람이 진정으로 잘난 사람이다. 이런 사람은 잘난 척을 하지 않는다. 진짜 잘나면 잘난 척을 할 필요가 없다. 무엇인가 부족하니까, 잘난 척을 하는 것이다. 사람은 내가 잘 났다고 판단하면 남을 무시하거나 무시하는 행동을 해도 되는 것처럼 인지되어 있다. 이런 문제가 인간관계를 어렵게 하고 있다.

내가 잘났으면 죽을 때까지 지속적으로 잘 나야 한다. 하지만 인간은 역할이 없어지면 쓸모도 없어지기 때문에 지속적으로 잘난 나를 유지할 수 없다. 선생 직업도 역할 수행인데 먼저 공부 좀 해서 알고 있다고 학생을 무시하는 발언을 하는 경우가 많다. 대학원생 지도하는 것을 보면 잘 알 수 있다. 대학원에서 지도교수와 학생은 고양이 앞에 쥐처럼 설정되어 있다. 교수가 당연히 많이 알고 정보력도 높다 보니 잘난 사람으로 전제되어 있다. 먼저 공부하고 경험이 있으니 역할 가치가 높은 것이 당연한데, 교수는 잘난 존재이고 학생은 못난 존재처럼 설정되어 있다. 학생들이 상처투성이로 졸업하는 것을 보면 언젠가 저 대가를 받아야 할 텐데 하는 생각을 할 때가 많다. 물론 필자도 그런 경우가 전혀 없다고 할 수 없지만, 최대한 갑을 관계로 접근하지는 않았다.

사회적 문제로 부상하는 갑질이라는 것도 결국 나는 잘났으니 너를 무시해도 된다는 생각이 깔려 있어 행동으로 나타난 현상이다. 이는 매우 잘못된 의식구조이다. 사람이 잘난 것이 아니라, 역할을 잘 하는 것이 잘난 사람이다. 사람은 평등하다는 말이 이래서 나온다. 사람의 존재가치는 수평적이고 역할 가치는 수직적 단계임을 인정하는 것이 정의로운 사회이다. 이것을 분명하게 구분하고 인지할 때 사람들과 좋은 관계를 형성하는 데 수월해진다.

5장
하고 싶은 일과 하고 싶은 것은 다르다

하고 싶은 일이 생존에 유리할까

상담전문가, 멘토, 코칭전문가, 진로상담, 대중매체 방송 등에서 보면 젊은이들에게 조언해 주는 것을 보면 대부분 '하고 싶은 일'을 찾으라고 한다. 하고 싶은 것을 몰라서 찾아간 사람에게 하고 싶은 것을 찾으라 하는 것도 문제이다. 무엇을 해본 경험이 없는데 하고 싶은 것을 찾으라 하면 찾을 수 있을까? 하는 의문마저 생긴다.

학교에서 진로를 고민하는 청년들에게도 누구나 할 것 없이 거의 다 진정으로 하고 싶은 일을 하라고 말한다. 그런데 하고 싶어서 하는 일이 정말로 있을까? 말이 좋아하고 싶은 일이지, 일하고 싶어서 하는 사람이 얼마나 될까? 설령 있다 해도 잠시는 좋아서 하겠지만 지속적으로 가능할까?

사람은 누구나 진정으로 하고 싶은 것은 일이 아니라 편하게 놀고먹기이다. 노는 일이라면 모르되 일을 하고 싶어 하는 사람이 얼마나 있을까? 일이란 하고 싶은 것이 아니라 해야 하는 것이다. 인간이 생존하기 위해서 당연히 일을 해야 한다. 일은 내가 원하는 것을 하는 것이 아니고 타인이 원하는 것을 해야 하기에 힘듦이 전제되어 있다.

타인이 원하는 것을 해주고 경제적 가치를 보상으로 얻는 것이 직업이다. 그런데도 사람들은 성격에 따라 또는 소질에 따라 하고 싶은 일을 하라고 한다. 과연 이 말이 타당할까? 모순을 당연한 것처럼 교육하고 진로 지도를 하는 것도 문제이다. 심지어 어떤 사람들은 자신이 진정하고 싶은 일을 하며 산다는 것은 대단한 축복이며, 한 인간으로서 누릴 수 있는 가장 큰 행운이자 진실로 행복한 삶을 위한 기본요건이라고 서슴없이 말한다. 그들의 말처럼 진정으로 하고 싶은 일을 하며 산다는 것이 대단한 축복이고 가장 큰 행운이라면, 그런 축복과 행운을 만날 수 있는 사람이 과연 몇이나 되겠는가? 그것이 진실로 행복한 삶을 위한 기본요건이라면, 대단한 축복과 가장 큰 행운이 없이는 진실로 행복한 삶이 되지 않는다는 말이 된다.

유명한 스님은 이렇게 묻는다. 세상에는 여러 가지 직업이 있는데 그 일이 참으로 좋아서 하는 직업인이 얼마나 될까? 그러면서 대개는 그 일이 좋아서, 그리고 하고 싶었던 일이 아니라, 수입과 생활의 안정을 위해 어쩔 수 없이 선택한 경우가 허다하다고 말한다. 이 말을 되짚어 보면 참으로 좋아서 일을 하는 직업인이 얼마 되지 않는다는 이야기다. 큰 축복과 행운을 만나서 하고 싶은 일을 하는 사람은 드물다는 말이다. 이렇듯 하고 싶은 일을 하는 사람은 드물고, 많은 사람이 생존을 위해 어쩔 수 없이 선택하는 까닭은 어디에 있는가? 그 까닭은 바로 일은 하고 싶은 게 아니기 때문이다. 만약 일이 하고 싶다면 누구나 어떻게든 하고 싶은 일을 찾았을 것이다.

어떤 이는 자신이 진정으로 하고 싶은 일을 하면 즐겁고 힘들지 않으며 능력이 최고조에 달한다고 말한다. 어떤 이는 세계 최고의 부자가 말하는 부자가 되는 방법은 간단하다며 자기가 하고 싶은 일을 열심히 하는 것이라고 한다. 또 어떤 이는 "마이크로소프트사의 빌 게이츠 같은 사람은 자신이 하고 싶은 일을 하면서 돈까지 번 대표적인 기업가라면서, 자기가 하고 싶은 일을 하면 일이 곧 취미생활이 되고, 취미생활을 하면서 돈까지 벌 수 있다는 것이 얼마나 멋진 일이냐"고 말하기도 한다. 이러한 말이 모두 잘못되었다고 할 수는 없다. 일부는 일리가 있을 수 있다. 그러면 하고 싶은 일을, 일이 곧 취미가 되는 것을 찾으라 하는 것이 옳을까? 일과 취미의 관계를 보면, 이런 말은 젊은이들을 병들게 한다는 사실을 알게 된다.

일은 상대가 원하는 것을 하는 것이기에 힘들 수밖에 없고 취미는 내가 원하는 것을 하기에 재미가 있다. 내가 하고 싶은 것을 하면 상대가 얼마나 만족할까? 이렇게 하면 사회생활이 가능할까? 그래서 일이 즐겁다거나 취미나 놀이처럼 느껴진다고 말할 때, 그 일은 일이 아니라 취미나 놀이가 된다. 우리가 취미나 놀이가 즐겁다고 하는 가장 큰 이유는 내가 원하고, 쉽게 몰입하기 때문이다.

몰입은 빠져드는 것이다. 빠져들면 다른 아무것도 보이지도 들리지도 않아 무아지경처럼 느껴져 그것을 즐기게 된다. 몰입한 상태만 있고 그 밖의 세상만사 모든 시름과 걱정들은 안 보이고 안 들리니 아무 잡념도 없고 즐겁기만 하다. 그것을 몰입의 환상이라고 한다. 몰입의 즐거움으로 일을 열심히 하면 누구나 부자가 될 수 있을까? 부자가 되려면 내가 원하는 것이 아니라 타인이 원하는 것을 해야 한다. 다시 말해,

돈이 되는 일을 해야 한다. 내가 원하는 것을 하고 돈을 번다는 것이 가능할까?

무슨 일이든 자기가 하고 싶어서 즐겁게 열심히 하기만 하면 되는 것이 아니다. 즐겁지 않아도 돈이 되는 일을 열심히 해야 부자가 될 수 있다. 정말로 중요한 점은 돈이 되는 일만 하면 되는 게 아니라 돈이 되게 일을 해야 부자가 된다는 것이다. 돈이 되는 일을 돈이 되게 하는 능력은 몰입의 즐거움만으로 얻어지지 않는다. 실로 돈이 되게 일을 하는 능력은 하고 싶은 일에서가 아니라 하고 싶지 않아도 생존을 위해서 해야 하는 일들을 통해서 얻어진다.

일은 생존을 위해서 한다. 생존은 해야 하는 것이지 좋아서 하고 싶다거나 싫어서 하고 싶지 않은 그런 문제가 아니다. 우리가 직업을 갖고 싶고 일하고 싶다고 말할 때, 그 말은 생존하기 위해서 일이 필요하다는 뜻이다. 가장 중요한 것은 먹고 사는 생존이다. 자신이 하고 싶은 일이 아니라 해야 하는 일이니까 상대가 원하는 것을 하면 된다. 여기서 싫고 좋고 따질 문제가 아니다.

하고 싶은 일은 없고 하고 싶은 것은 있다. 하고 싶은 것은 취미이다. 취미를 가지고, 먹고 살라는 말과 같다. 취미로 먹고 살려는 사람도 있을 수 있다. 그러면 그것은 이미 취미가 아니고 직업이 된다.

취미가 직업이 되면 하고 싶은 것이 아니고 해야 하는 것이다. 앞에서 말했듯이 일은 생존욕구이고, 취미는 존재욕구이기 때문이다. 생존을 위협받는 사람들은 하루하루 살기가 버거운데 취미는 있을까? 유튜브 탈북자 방송을 보면 바로 알 수 있다. 북한은 취미라는 단어가 없다. 생존이 불안한데 취미인 존재욕구가 있을 수 없기 때문이다. 생존이 안 되면 내가 원하는 취미는 당연히 없다. 우리나라는 생존욕구가 안정되어 존재욕구를 추구 할 수 있는 사회구조이지만, 저소득국가나 개인소득이 낮은 사람은 하고 싶은 것이 매우 한정적이다.

얼마 전에 대기업 2년차 회사원과 면담 겸 커피를 한잔했다. 그는 직장생활이 맞지 않는 것 같다고, 사업을 하고 싶다고 말했다. 물론 성격상 그럴 수도 있지만 직장생활로 생존이 어려운데 창업은 취미로 한다는 생각인가 하는 생각이 들어 말렸지만, 선택은 본인이 하는 것이다.

살아가면서 생존만 추구하는 것도 치우침이고 하고 싶은 존재욕구만 추구하는 것도 치우침이다. 맞물리게 잘 살 수 있는 균형이 필요하다. 생존욕구의 안정을 찾으려면 누구나 존재욕구를 추구하는 것이지만 우선순위와 균형이 매우 중요하다.

해야 하는 일과 하고 싶은 것의 우선순위

일은 해야 하는 것이고 놀이는 하고 싶은 것이다. 해야 하는 일과 하고 싶은 놀이는 맞물려 있다. 해야 하는 일이 있어야 그와 맞물려 하고 싶은 놀이도 있다. 해야 하는 일이 없으면 하고 싶은 놀이도 없게 된다. 경제적 여유가 없는 사람은 많은 돈이 필요한 골프나 스킨스쿠버 등을 못하는 것을 생각해 보면 이해가 빠르다. 힘듦의 기준은 생존력이다. 남과 비교하는 생존력이 아니고 스스로 독립하여 삶을 살아가는 능력이다.

힘들게 일을 해야 편하게 놀고 싶은 욕구가 생긴다. 힘듦과 편함은 함께 맞물려 있다. 힘들여 일을 하지 않고는 편하게 놀 수가 없다. 누구나 힘든 것보다 편한 것을 원하고 좋아한다. 그런데 먼저 힘듦이 없이 편함이 있을 수 없다. 먼저 편하면 이어서 힘듦이 따라온다. 나중에 힘듦이 기다리고 있는 편함은 편한 즐거움이 되지 않는다. 그러니까 하고 싶은 놀이를 즐기려면 먼저 해야 하는 일을 해야 한다.

일은 해야 하니까 하는 것이지, 하고 싶어서 하는 것이 아니다. 반대로 놀이는 하고 싶어서 하는 것이지, 해야 하니까 하는 게 아니다. 하고 싶어서 하면 놀이이고, 해야 하니까 한다면 일이다. 생존은 해야 하니까 하는 일이지, 하고 싶어서 하는 놀이가 아니라고 반복하여 언급하였다. 즉, 우리가 태어나고 싶어서 태어나는가? 아니다. 우리는 태어나고 싶어서 태어나는 게 아니라, 태어나야 하니까 태어난다.

우리가 생존하고 싶어서 생존하는가? 아니다. 우리는 생존하고 싶어서 생존하는 게 아니라, 생존해야 하니까 생존한다. 우리가 죽고 싶어서 죽는가? 아니다. 우리는 죽고 싶어서 죽는 게 아니라, 죽어야 하니까 죽는다. 태어나는 것도, 사는 것도, 죽는 것도 해야 하니까 하는 일이다. 해야 하는 것과 하고 싶어서 하는 것을 구분할 수 있어야 한다.

일과 놀이가 구분되는 결정적인 차이점은 힘들게 느껴지는가 아닌가에 있다. 일도, 놀이도 힘들여 움직이기는 마찬가지지만, 일은 힘들게 느껴지고, 놀이는 힘들게 느껴지지 않는다. 힘들게 느껴지면 놀이도 일이 되고, 힘들게 느껴지지 않으면 일도 놀이가 된다.

우리가 흔히 하는 힘들다는 말은 힘들게 느껴진다는 뜻이다. 세상에 힘을 들이지 않고, 즉 애쓰지 않고 되는 것은 없다. 심지어 편하게 쉬는 것도 힘이 있어야 편하게 쉴 수 있다. 아파서 기운이 없을 때처럼 힘이 없으면 편하게 쉬는 것이 되지 않는다. 힘을 들이지 못하면 죽는 것도 어렵고, 쉽게 죽을 수가 없다. '죽을 힘도 없다' 또는 '죽을 힘까지 다해서'라는 말은 죽을 때도 마지막으로 힘을 쓰고 힘을 들여야 한다는 것을 알려주고 있다.

무엇이든 힘을 쓰고 힘을 들이지 않고 되는 것이 없다. 무엇을 하든 힘이 드는 것은 당연하다. 힘이 드는 것을 힘들게 느끼는가 아닌가가 다를 뿐이다. 무엇이든 힘이 드는 것이 당연하다고 받아들이면 힘들게 느껴지지 않는다. 힘들게 느껴지는 이유는 당연히 해야 하는 것을 당연하게 여기지 않기 때문이고, 편한 쪽으로 피하고 싶기 때문이다.

누구나 일은 하기 싫다. 혹, 일이 좋다고 말하는 경우도 사실은 일을 통해서 얻어지는 것이 좋은 것이지, 일이 좋은 것이 아니다. 일을 해서 돈을 번다면 돈을 버는 것이 좋은 것이지, 일 자체가 좋은 것이 아니다. 그래서 일 안 하고 돈을 버는 방법이 있으면 얼마나 좋을까를 꿈꾸기도 한다. 사람들이 하고 싶은 일이라고 말하는 것은 다름 아니라 힘들게 느껴지지 않는 일, 그리고 일을 통해서 좋은 것이 얻어지는 일을 말한다. 그래서 힘이 조금 덜 들고 돈을 많이 받는 대기업을 선호하는 것이다.

하기 싫은 일을 해야 하고 싶은 일도 생긴다. 사람들이 하는 말대로 하고 싶은 일을 찾고 싶다면, 다시 말해 힘들게 느껴지지 않고 일을 통해 만족감을 얻어지는 일을 찾고 싶다면, 하고 싶은 일을 찾지 말고 먼저 하기 싫은 일을 해야 한다. 하기 싫어도 생존을 위해서 해야 하는 일을 하지 않으면, 하고 싶은 일도 생기지 않는다. 힘들게 느껴져 하기 싫은 일은 하고 싶은 일을 위해 꼭 필요하다. 사실 생존을 위해 당연히 해야 하는 일에는 하기 좋고 싫고가 없다.

자신이 하기 싫은 일 몇 가지와 생존을 위해 당연히 해야 하는 일 몇 가지를 헤아려 보자. 그리고 당연하게 여기면서 해야 하는 일들을 해 보라. 그리하면 하고 싶은 일 한 가지가 생겨날 것이다. 하고 싶은 일은 찾는다고 찾아지는 게 아니다. 당연히 해야 하는 일을 하다 보면 저절로 하고 싶은 일이 생겨나게 된다. 이것이 해야 하는 일과 하고 싶은 것의 맞물림이다. 노숙자를 보면 할 일이 없어서 일을 안 하는 것이 아니고 해야 할 일을 하기 싫어서 안 하는 것이다. 그러면 하고 싶은 것도 없어지는 것이다. 그러니 늘 한 끼 때우는 삶을 사는 것이 아닌가? 우리는 해야 하는 일은 어렵다고 할 것이 아니라 당연하게 해야 하는 것이다. 그래야 하고 싶은 취미도 동반되는 인생을 살 수 있다.

직업은 역할이다

먹고 살기 위해서 직업이 필요하다. 생존을 위해서 기본적으로 해결해야 하는 것은 바로 먹기와 잠자기이다. 먹고 자는 것을 해결하려면 먹을 식량과 잘 수 있는 거처를 마련해야 한다. 생존에 필요한 식량과 거처를 마련하고 생명의 안전을 지키는 일은 혼자서 해결하기 어렵다.

인간은 혼자서 스스로 생존하기 어렵기 때문에 무리를 지어 산다. 그래서 인간을 사회적 동물이라고 한다. 자신의 생명을 지키고 유지하기 위해서는 혼자보다 여럿이 모여 함께 힘을 합하는 편이 훨씬 유리하다. 이렇게 서로 필요한 것을 해주며 생존을 유리하게 활동하는 것을 역할이라고 한다. 인간은 함께 모여 사회를 구성하고 생존을 위해 힘을 합하면서 서로 필요한 것을 함께 나눈다. 사회가 발전하고 분화되면서 서로 생존을 위해 함께 나누어 할 수밖에 없는 역할이 많아지고 세분화한 것이 바로 직업이다.

직업은 역할이다. 역할은 사전에 나오듯이 일정한 자격으로 자신이 하여야 할 맡은 바의 일이다. 직업은 생존하기 위해 해야 하는 일이고, 역할은 함께 생존하기 위해 각자 맡아서 해야 하는 몫이다. 그 몫을 하기 위한 일이 직업이다. 그러니까 직업은 단순히 돈을 벌기 위해서가 아니라 역할의 몫을 하기 위한 일이다.

사람이라는 영어 단어의 첫 번째 의미는 가면(persona)이다. 사람은 가면을 쓰고 있다는 말이고, 모든 사람이 언제 어디서나 자신이 해야 하는 맡은 바의 역할을 의식적으로 하고 있다는 뜻이다. 역할이라는 말은 본래 연극에서 유래된 개념이다. 배우들 사이에 이번에 무슨 역할을 하나? 이런 대화를 보면 알 수 있듯이 역할 또는 배역이란 연극, 영화의 극본에서 나오는 등장인물을 말한다. 연기자들은 극본에 등장하는 인물들 가운데 특정역 또는 역할을 배정받아 그 등장인물을 형상화하는 임무를 한다.

사회학자들은 연극에서 주로 사용되던 역할의 개념에 많은 관심을 가진다. 그 이유는 인간사회 생활이 연극무대에서 주어진 역할에 따라 연기자들이 펼치는 연기와 개념이 매우 유사하다고 생각했기 때문이다. 우리의 삶도 대본은 없지만 연극이다. 삶이 연기자들의 연기하는 것과 같이 인생의 무대에서 자신에게 주어진 시나리오 역할을 잘 수행해야 잘 사는 것이다.

인간은 생존을 위해서 여러 가지 역할을 통해서 목표를 이루어 나간다. 이런 역할은 관한 지식은 어려서부터 성장 과정을 통하여 꾸준히 배우게 된다. 타인의 관찰, 지시, 실습 등으로 직간접적인 경험을 통해서 자신의 역량을 다듬어 간다. 이런 역할은 누구든지 처음에서 서투르고 어렵다. 어려운 이유는 경험이 부족한 탓도 있지만 불안감이 크기 때문이다. 안 해봤으니 불안할 수밖에 없다. 안정을 추구하는 이유가 여기에 있다.

안정을 추구하면 지금의 역할만 하려는 역할 고정화 현상이 발생할 수 있다. 역할 고정화는 생존에 매우 불리하다. 다른 역할을 하지 않으려고 하는 태도로, 세상살이가 내 의지대로 될 수가 없기 때문이다. 스타 연기자는 배역을 가려서 하지 않는다. 역할 고정화가 매우 낮다는 말이다. 무엇이 주어지든 시나리오대로 역할을 잘하듯 우리도 다중의 역할을 잘해야 한다. 이것을 다재다능이라고 한다.

삶의 예측 불허 속에서 자신에게 주어진 다양한 역할들을 제대로 수행해야 한다. 이를 위해서 먼저 여러 역할이 요구하는 행동들이 다양하다는 것을 인식해야 한다. 대부분의 사람들은 주어진 역할을 잘 수행하고 있지만 다중의 역할 과정에서 역할갈등이 발생하는 경우도 많다. 두 개 이상의 역할을 수행할 때 결정 혼선으로 본인에게 유리한 쪽으로만 결정하고 역할을 수행하기도 한다. 이것은 역할의 정의를 잘못했을 때 또는 생각의 틀이 좁을 때 발생하는 문제이다. 역할의 정의와 의미 가치에 대한 이론적 정립이 필요한 것이다.

역할의 의미와 가치는 우리를 행복하게 만든다. 행복은 직업, 또는 직업에서 얻어지는 월급에서 나오는 것이 아니라 역할에서 나온다. 성공, 행복, 사랑 등 인생에서 얻고 싶은 모든 것들은 세상이 기대하고 필요로 하는 역할을 통해서 얻을 수 있다. 세상이 기대하는 자신의 역할을 찾으면 인생에서 모든 것을 얻을 수 있다. 직업을 찾지 말고 자신의 역할을 찾아라. 직업은 역할의 몫을 하기 위한 일이기 때문에 사회가 필요로 하는 자신의 역할을 찾으면 직업의 길이 열린다.

역할에서 모든 것이 나오므로 역할을 잘 찾아야 한다. 직업, 일, 기술로 찾기 때문에 찾기 어려워진다. 가르치는 역할이라면, 교사, 교수, 학원 강사뿐만 아니라 헬스, 요가, 댄스 등의 전문지도자, 그리고 회사의 인사 부서 교육 담당이나 각종 체험 교실의 강사처럼 수많은 영역에서 가르치는 것들이 많다.

역할이 뿌리라면 직업과 일은 가지이다. 뿌리가 있어야 가지에서 열매가 맺어지듯이 뿌리가 되는 역할을 찾아야 직업과 일에서 성취의 열매가 맺어질 수 있다. 사회가 필요로 하는 자신의 역할을 찾고, 직업과 일로서 자신의 역할을 잘 해내는 것이 세상을 잘 사는 길이다.

일과 역할은 차원이 다르다

사람들은 미래를 꿈꾸며 직업을 찾고 진로를 생각한다. 꿈이 있어야 직업과 진로를 찾을 수 있고, 꿈이 없으면 직업과 진로를 찾을 수 없는 것처럼 말한다. 누구나 꿈이 있어야 한다고 말하고 꿈을 가져야 한다고 교육한다. 꿈은 상상의 꿈이 아니고 현재 상황을 잘 파악하는 현실적인 꿈이어야 희망의 꿈이 된다. 먹고 사는 일은 꿈이 아니라 현실이기 때문이다. 먹고 살기 위해 필요한 직업은 상상 속에서 그림으로 찾을 일이 아니다.

지금 여기 있는 그대로의 현실을 바탕으로 설계해야 한다. 꿈을 꾸며 직업을 찾고 진로를 생각하면 현실에서 멀어진다. 현실에서 멀어지면 계산에 착오가 생기고 시행착오를 겪어야 한다. 고민하고 방황하면서 시행착오를 하지 않으려면 지금 있는 그대로의 자신을 정확하게 알고, 현재 있는 그대로의 세상을 분명하게 파악하는 능력이 필요하다.

자기 자신과 세상과 인생을 있는 그대로 명료하게 보고 알지 못하면 먹고 사는 일이 힘겨워진다. 삶이 힘겨울 때, 꿈과 희망으로 위안하며 피할 수는 있다. 꿈과 희망이 힘겨운 삶 자체를 근본적으로 해결해 주지 못한다. 미래를 꿈꾸며 직업을 찾고 진로를 생각하려면 먼저 현실에서 자기 자신의 세상과 인생을 살펴보고 헤아리면서, 무엇을 해서 먹고 살 것인가를 찾고 생각해야 한다. 먹고 사는 일이 삶의 전부는 아니라고 말하는 사람도 있다. 생존은 그 무엇보다도 중요하다. 모두가 바라는 행복한 삶도 근본적으로 먹고 사는 일이 해결되지 않으면 불가능하다.

직업을 찾으려면 먼저 역할을 찾아야 하는데 이것이 쉽지 않다. 역할은 찾는 것은 머리로 생각해서 찾아지는 것이 아니라 경험을 통해서 즉, 몸을 통해서 찾아야 하기 때문이다. 청소년 시기에는 늘 앉아서 공부나 하고 싶은 것만 하였고, 성인이 되어 사회생활을 하다 보면 다른 경험을 하는 것이 쉽지 않다.

경험하면 이것은 내가 잘하는 것이라거나 소질이 있는지 등 자기 장점을 찾을 수 있다. 장점을 찾으려면 실천을 통해서만 찾을 수 있지 책에서 찾기는 어렵다. 장점이 곧 자기 소질이고 소질은 타고난 기질이이며 이것을 다른 말로 표현하면 생존의 역할 가치가 높다는 말과 같다.

자신의 역할 찾기는 어떤 삶의 기준과 자세로 무슨 역할을 할 것인지를 결정하는 일이다. 삶을 어떻게 살아야 할지, 삶의 기준이 서야 삶을 위해서 필요한 직업이나 역할을 제대로 찾을 수 있다. 삶의 기준이

서지 않으면 칠흑같이 어두운 밤바다를 지도와 나침반 없이 떠 있는 배처럼 갈피를 잡을 수가 없다.

어떻게 살아야 하는가? 라는 질문은 어떤 목적을 가지고 무엇에 의미와 가치를 두고 살 것인가? 라는 질문과 같다. 삶의 기준과 자세는 삶의 목적 그리고 의미와 가치와 연관되어 있다. 무엇이든 목적에 의해 의미와 가치가 부여되고, 의미와 가치에 의해 관심과 보람이 생겨난다.

자신의 역할을 찾으려면 삶의 기준과 자세, 목적, 의미와 가치에 대해 생각해야 한다. 자기 자신을 있는 그대로 정확하게 살펴 자신의 자질과 강점을 파악하고, 그에 따라 관심이 가지고 보람으로 여겨지는 분야를 찾아야 한다. 이것은 경험으로만 할 수 있고 생각으로 할 수 없다. 이렇게 삶을 잘사는 방법을 제시하게 되면 자기 자신을 기준으로 사고나 행동을 하기 때문에 많은 것을 하고도 얻지 못하는 경우가 대부분이다. 이것은 일과 역할을 구분 못 하기 때문이다. 일이 역할이고 역할이 일이라도 생각하거나 굳이 구분할 필요가 있을까 하는 것이 일반적인 사고방식이다.

“능력 있는 사람과 성실한 사람의 차이가 무엇일까?”라고 질문하면 알 것 같지만 잘 모른다. “능력 있는 사람은 역할 가치가 높은 사람이고 성실한 사람은 일을 열심하는 사람이다”라고 설명하면 또 그것이 그거라고 말한다. 자세히 생각해 보면 능력 있는 사람은 상황과 상대 중심으로 역할을 하고, 일을 잘하는 사람은 상황 판단보다 주어진 것을 내 방식대로 일한다. 깊게 생각하면 차이가 크다. 일과 역할이란 단어는 아주 흔하게 쓰고 있지만 혼동하여 쓰거나 같은 의미로 쓰거나 구분을 하지 못한다. 일과 역할은 매우 중요하기도 하고 차원이 다르기에 명료하게 알아야 한다. 항상 역할을 하든지, 일을 하든지 두 개를 통해서 생존하기 때문이다.

첫째, 일은 나 중심으로 한다. 내가 필요로 하는 것을 일이라 하고 타인이 필요로 하는 것을 해주는 것을 역할이라 한다. 일한다고 하지 역할을 한다고 하지 않는다. 일은 뭉뚱그려져 있고 역할은 세분화되어 있다는 사실을 인지하지 못하고 있기에 착오가 발생한다. 내가 필요해서 하는 것은 혼자 시간과 장소 필요 없이 아무 때나 하면 된다. 청소를 하든 공부를 하든 놀든 밥을 먹든 알아서 혼자 필요할 때 하면 된다.

상대가 있어 상대가 필요로 하는 것을 해주는 것을 역할이라 한다. 일어나서 씻고 혼자 밥 먹고 운전하는 것은 일이고 회사 업무를 하는 것은 역할이다. 자기 생각대로 밥을 먹든지 말든지 운전을 하든지 지하철을 타든지 하는 것은 자기를 위한 방편이다. 회사 업무는 회사가 필요로 하는 업무를 해야 하기에 역할이라 한다. 이런 의미를 명료하게 정리하면 인간관계에서 매우 유용한 존재가 된다. 일인지 역할인지 구분이 안 되면 모든 것을 일로 전제하여 쉽고 편한 쪽을 선택하고, 역할을 하게 되면 쉽고 편한 것도 있지만 힘든 것도 잘 수행할 수 있다는 점이 매우 큰 차이다.

둘째, 일은 과정이 종료되어야 잘했다, 못했다를 알 수 있지만 역할은 순간순간 상대가 원하는 것을 하는지 안하는지 알 수가 있기에 확인이 바로 가능하다. 그래서 일이 아니라 역할 가치를 높여야 한다. 눈치 빠른 사람이 역할을 잘한다고 했는데 이래서 한 말이다. 순간순간 내가 하는 것이 상대가 원하는 것을 하는지 그냥 업무니까 하는 것인지 확인해 보면 알 수 있다. 일은 1차원적이라면 역할은 3차원적이다.

차원이 다르기에 힘들다.

셋째, 일이라고 전제가 되면 일단 쉽고 편한 방법을 선택한다. 역할은 가치가 있느냐 없느냐가 선택의 기준이 된다. 일은 누구나 편한 방법으로 모색하는 이유는 일은 어렵고 하기 싫은 것으로 전제되어 있기 때문이다. 과제를 하든 농사 일을 하든, 식사도 요리도 마찬가지다. 일이 생기면 머리를 써서 쉽고 편한 것을 모색한다. 이것을 잘 활용하여 경제적 이익을 추구하는 것이 사업이다.

사업의 비즈니스 모델이나 상품은 어떻게 하면 사람들이 편하게 생활할 수 있을까에 초점이 맞춰져서 상품을 개발한다. 이런 편리가 발전하여 시간적 여유를 누리는 나라를 문화국가나 선진국이라 한다. 문제는 편리함을 경쟁적으로 무한대로 추구한다는 데 있다. 최근에 여기저기서 우려하는 Open AI가 개발한 Chat GPT를 보면 사람이 얼마나 편리함을 추구하는 알 수 있다.

선진국일수록 사람의 일은 줄이고 기계 의존도를 높여 편안함을 추구하고 있다. 편한만큼 대가를 지불하는 것이 세상의 원리이다. 생활하는 데 단순화되고 시간적 여유가 많다보니 존재욕구를 채울 수 있는 방법이 사회적 문제가 되고 있다. 정신질환, 젊은 치매환자, 자살, 마약, 폭행범 등은 아주 빠른 속도로 증가하고 있는 추세이다. 끝없는 편안함은 이대로 추구하는 것이 맞을까 한번쯤 고민해 봐야 하는 시간이다.

넷째, 일은 내가 필요로 하는 것이기에 단일 차원이다. 역할은 상대가 필요로 하는 것을 해야 하기 때문에 다차원이다. 차원이 다르다는 것은 사고방식이 다르다는 것이다. 그래서 사고방식을 바꿔야 잘 살 수 있다고 강조한다.

MZ세대를 보면 잘 알 수 있다. 본인이 필요로 하는 것만 하면 그만이라는 단일 차원 행동을 많이 한다. 그래서 세대 갈등이 심화되고 있고 인간관계를 하는 데 어려움을 겪고 있는 것이다. 2년 정도 공부해서 공무원 시험을 합격하고도 중도에 퇴사한다. 어렵다는 대기업도 3년 정도 근무하면 많은 젊은이가 그만둔다. 그 이유는 봉급에 비해서 일이 많다는 것이 대부분이다. 하고 싶은 일을 찾고자 하는 젊은이도 많다. 워라밸 추구와 맞지 않다는 것이다. 이는 일과 역할을 구분하지 못해서 생겨난다.

다섯째, 일은 이분법 사고이고 역할은 통합적 사고이다. 일은 내가 필요한 것을 하기에 나만 생각하는 이기적인 이분법 사고이다. 역할은 나뿐만 아니라 상대까지 생각해서 결정하는 것이기에 통합적 사고이다. 일은 나 중심으로 하기에 눈치 보거나 잘 하려고 하지 않아도 되지만 역할은 타인 중심으로 해야 하기에 무엇을 필요로 하는지 파악해야 하는 눈치가 필요하다. 이것은 사고의 틀이 좁으면 수행이 어렵기에 다차원이고 통합적 사고라고 하는 것이다.

여섯째, 상대가 원하지 않는 것을 하는 것은 역할이 아니고 존재감 확인이라 한다. 사회생활을 하다보면 조금 매너 있고 배려하는 차원이라 생각하여 상대가 무엇을 원하는지도 모르면서 본인 생각대로 행동하는 경우가 종종 있다. 술을 못 마시는 사람한테 "시원한 맥주 한잔 정도 하면 좋은 데"하며 묻지도 않고 권하는 사람도 종종 본다.

얼마 전 산행을 하는 데 정상에 도착하여 쉬는 중 옆에 있던 사람이 막걸리 한 잔을 권했다. 안 마신다고 했더니 불쾌하다는 표정을 지어 난감한 적이 있었다. 정상에서 막걸리 한 잔은 보약이라 하며 왜 안 마시냐고 약간 비아냥거리는 표현에 당혹스러웠다. 물론 처음 보는 사람이다. 이렇게 상대가 원하지 않는 것을 하는 행위는 역할이 아니고 존재감 확인이라 한다. 다시 말해 잘난 나, 좋은 사람인 나, 능력 있는 나 등을 상대로부터 나를 확인하는 무의식 행동을 말한다. 만약에 술을 한 잔 드릴까요? 묻고 상대가 흔쾌하게 받아들이면 역할이 되는 것이다.

역할은 일본식 한자이다. 役割은 일본어 やくわり 단어에서 온 것으로 20세기 초만 해도 매우 낯선 단어이었으나 연극인이 사용하면서 이제는 매우 흔하게 쓰는 단어가 되었다. 연예인들이 한 해 동안 활동한 결과를 마감하는 연말이 되면 방송국에서 분야별 연기대상을 수여한다. 연기대상의 기준이 무엇일까? 라고 물으면 인기가 많다. 연기를 잘한다. 등을 말하지만 연기대상 기준은 역할이다. 주어진 대본대로 얼마나 리얼하게 연기하여 시청자들로 하여금 좋은 평가를 받으면 시청률 올라가고 그 프로는 광고비가 높아지며 결국 성공하는 작품이 되는 것이다. 사회생활도 삶도 연기와 모두 원리는 마찬가지이다. 단지 연기는 주어진 시나리오가 있고 삶이나 사회생활은 시나리오를 내가 써야 한다는 것이 다를 뿐이다. 그래서 역할 가치가 매우 중요하다.

역할 가치 높은 사람이 전문가이다

역할은 함께 필요해서 나누어서 해야 하는 몫이고, 역할 가치는 얼마나 쓸모가 있는가에 달려 있다. 역할 자체의 쓸모가 클수록 그리고 맡은 역할에서 쓸모가 클수록 역할 가치가 높아진다. 무엇이든 가치가 높아지면 그만큼 보상과 대가가 맞물린다. 생존에 영향력 역할이 클수록 그만큼의 보상과 대가가 따른다. 어떤 역할이든 맡은 역할을 잘 해낼수록 그만큼의 보상을 받게 된다. 예컨대, 기업의 CEO 역할은 수많은 사람의 생존에 영향력이 큰 만큼 역할 가치가 높다. 따라서 그만큼의 높은 보상과 대가를 받게 되고 이들을 전문가라고 표현한다. 생존하는 데 기여하는 역할 가치가 높은 사람을 말한다.

누구나 생존을 위해서는 전체 사회의 공동생존에 필요한 역할을 해야 한다. 그리고 누구나 생존 기반의 안전성은 역할 가치와 직결된다. 역할 가치가 높을수록 생존 기반의 안전성이 높아진다. 생존 영향력의 비중이 큰 역할일수록 맡은 역할을 잘 해낼수록 생존 기반의 안전성이 높아지게 되어 있다.

생존 기반의 안전성을 원한다면 자신의 역할 가치를 높여야 한다. 자신의 역할 가치를 높이려면 역할을 해내는 능력을 키워야 한다. 능력을 키우기 위해서는 지금의 생각 수준을 넘어서는 다차원 사고방식 전환이 필요하다. 사람들이 말하는 성공도 사고방식의 능력에서 나온다. 사고의 틀이 넓을수록 역할 수행 능력이 크기 때문에 성공을 이루게 된다.

역할 수행 능력을 결정하는 요소는 자질, 지식, 기술, 경험이다. 자질을 바탕으로 지식, 기술, 경험의 폭과 깊이를 확장해 나가면 수행 능력을 높여 가치를 높일 수 있다. 자신의 자질을 쓸모 있게 쓸 수 있는 재능과 강점을 이끌어 내고 거기에 지식, 기술, 경험을 덧붙이면 자신의 역할 가치를 높일 수 있게 된다.

자질은 타고 나거나 후천적으로 습득된 반응 패턴이다. 새로운 반응 패턴을 습득할 수 있다면 새로운 강점을 이끌어 낼 수 있다. 지식, 기술, 경험은 스스로 확장시켜야 하는 경로이다. 필요성을 높여서 확장해 나간다면 사고의 틀을 확대시킬 수 있어 인재로 거듭날 수 있다. 사회에서 말하는 뛰어난 인재는 역할 수행 능력이 뛰어난 사람을 말한다. 조직은 늘 쓸모 있는 인재를 원한다. 쓸모 있는 인재란 어떤 상황이든 꼭 필요한 수행 능력을 가진 사람이다.

시시각각 이전에 겪어 보지 못한 새로운 문제들이 생겨나는 시대에는 이전과 다른 새로운 해결 방식이 필요하다. 21세기 불확실성의 시대, 그리고 지식 기반 사회라는 시대 상황에서 인재의 수행 능력의 핵심은 창의력을 기반으로 한다. 이 시대는 창의력이 높아야 역할 가치가 높아지고, 그리하여 생존 기반의 안전성도 높아진다. 창의력은 문제를 이전과 다르게 새로운 방식으로 다루는 능력이다.

문제를 새로운 방식으로 다룰 수 있으려면 새로운 지식, 새로운 기술, 새로운 경험의 경로가 필요하다. 기존의 통념적인 흐름과 다르게 보고 다르게 접근해야 이제까지 없던 새로운 방식으로 새로운 것을 이끌어 낼 수 있다. 창의력을 키우려면 일단 통념적인 흐름을 벗어날 줄 알아야 한다. 거의 모두 똑같이 생각하는 통념의 틀을 벗어나야 새로운 생각을 시작할 수 있다. 새로운 생각의 시작은 새로운 발견을 이끌어내는 창의력의 출발점이다.

요즈음 대학생의 스펙이라고 부르는 학점, 토익 토플 성적, 어학연수, 공모전 응모, 인턴십, 분야별 자격증 등과 같이 단순하게 누구나 엇비슷한 스펙을 쌓는 통념적인 흐름을 따라가면 창의력의 토대를 닦을 수가 없다. 본래 스펙은 다르게 차별화된 특징이나 장점을 말한다. 차별화하려면 통념적인 흐름대로 따라가면 안 된다. 누구나 하듯이 단순한 스펙을 쌓는 통념적인 흐름대로만 따라가서는 차별화가 아니다.

통념의 흐름대로 가면 동일해지고, 통념의 흐름을 벗어나면 차별화된다. 통념의 흐름대로만 가면 동일성으로 치우치고, 통념의 흐름을 벗어나기만 하면 차별성으로 치우치게 된다. 어느 쪽으로든 치우치면 동일성 또는 차별성도 생명력을 잃고 사라지게 된다. 남다른 차별성은 똑같은 동일성과 맞물려 균형을 이룰 때 생명력을 갖는다. 그러므로 통념의 흐름대로 가는 것과 통념의 흐름을 벗어나는 것의 무엇인가 함께하는 것이 차별성이 있는 것이다.

남과 같이 단순한 스펙 쌓기만 하는 것도 치우침이고, 남과 다르게 다양한 경험 쌓기만 하는 것도 치우침이다. 자신의 역할 수행에 요구되는 기본적인 스펙과 남다른 자기만의 경험이 맞물려 균형을 이루어야 동일성도 살고, 차별성도 살아난다. 통념의 흐름에만 머물지 말고 통념을 벗어나 남다른 자기만의 경로를 확장하자. 통념과 비 통념이 맞물릴 때 차별성이 생명력을 갖는다.

차별성에서 남다른 관점이 자라나고, 새로운 생각이 시작된다. 새로운 생각은 기존의 통념적인 사고방식에서는 나올 수 없는 새로운 발견을 이끌어내어 창의적인 역할 수행을 가능하게 해준다. 창의력을 발휘해 역할을 수행할 수 있어야 자신의 역할 가치가 높아지고 자신의 생존 기반의 안전성이 높아질 수 있다.

대학에서는 사회가 필요한 인재를 교육한다고 하지만 회사는 학교가 필요한 인재 양성을 못 한다고 한다. 서로 모순이다. 이는 세상의 흐름에 교육이 못 따라 가는 것이 현실이며 사회보다 늦을 수밖에 없는 시스템이기 때문이라고 생각한다. 그렇다고 해서 이대로 가는 교육 방법이 옳다고도 할 수 없다. 특성화된 전공도 필요하고 사회생활 기반을 튼튼하게 하는 기초교육 비중을 높여 생각하는 힘을 향상시키는 지혜의 필요성이 대두된다. 4차 산업혁명은 인간이 쉽고 편하게 생활하는 기술의 극치다. 모든 것이 기계에 의존하게 된다. 사람도 필요성이 떨어지고 생각의 힘도 떨어진다.

대학의 교육을 부정하는 것은 아니지만 사회에 필요한 인재를 양성하는데 한계가 있다. 19세기 건물에서 20세기 교수가 21세기 학생을 교육하는 것이 지금의 현실이라는 말을 농담 삼아 하지만, 현실 있는 그대로이다. 단지 모두가 알고 있지만 누구도 말하지 않을 뿐이다. 사고방식을 전환하는 교육이 필요할 시기이다.

사회는 역할을 전제로 한다

인간사회는 독단적으로 생존이 불가능하다. 서로에게 필요한 것을 해주어야 한다. 이것은 생존을 위한 가장 기본 거래이며, 이것을 잘하느냐 못하느냐에 따라서 생존력이 있느냐 없느냐가 결정된다. 사회적 기본 거래는 생존욕구의 기준이 된다. 존재욕구의 기준은 거래가 아니라는 말이며 인간관계는 서로가 서로에게 생존욕구가 필요한 것이 있어야 지속적인 관계가 이루어진다. 누구도 필요한 것이 없으면 인간관계는 이루어질 수 없고, 어쩔 수 없이 이루어진다 해도 유지되지 않는다. 서로 필요를 나눠야 해야 하는 역할 때문에 관계를 이루는 것이다.

인간관계에서 상대가 원하는 것은 나의 역할이다. 상대가 원하는 것은 나의 역할이지, 내가 아니다. 이 사실을 분명하게 인식해야 한다. 이것에 대한 착각을 많이 하고 있다. 그러니까 상대는 자신이 필요로 하는 역할을 누군가가 해주면 되는 것이지 꼭 나여야 하는 까닭이 별로 없다.

인간관계에서 나의 존재 그 자체는 의미와 가치가 없다. 어떤 역할도 하지 않는 나의 존재를 원하거나 필요로 할 사람은 없다. 아무리 사소한 어떤 것이라도 상대가 원하거나 필요로 하는 역할을 하지 않는 존재는 존재할 이유가 없게 된다. 회사는 회사가 원하는 역할만 잘해주는 사람이면 만족한다. 꼭 내가 아니어도 누군가 필요한 역할만 해주면 된다. 회사의 인간관계는 역할이 중요하지, 존재가 중요하지 않다. 회사가 원하는 역할을 하지 않는 존재는 회사에 존재할 이유가 없는 것이다. 사람들은 회사가 나를 필요로 한다고 착각한다. 내가 아니고 나의 역할을 필요로 하고 있다. 이 사실을, 사람들은 대부분 역할과 존재를 혼동한다.

자신의 역할과 자신의 존재를 동일시하는 오류를 범하고 있다. 다시 말해 역할의 가치를 마치 존재의 가치인 양 착각하고 오산하는 것이다. 인간관계는 상대의 존재가 아니라 상대의 역할이다. 자신의 역할을 잘하면 역할 가치가 높아지는 것이지, 자신의 존재가치가 높아지는 것이 아니다. 게다가 역할 가치는 상대적인 가치이므로 비교하여 높고 낮음이 있을 수 있으나 존재가치는 절대적인 가치이므로 높고 낮음이 없다.

사람의 존재는 절대적이다. 직업에 귀천이 없다는 뜻은 바로 이런 것을 의미한다. 역할은 상대적이라 비교 우위가 성립되나 본래 존재는 절대적이라 비교 우위가 성립되지 않는다. 인간관계는 서로의 존재 그 자체를 필요로 하지 않는데도 사람들은 존재의 가치를 상대적으로 비교하여 우열을 가리며 존재의 우월감과 열등감으로 갈등을 빚어내고 있다.

존재 그 자체는 절대적인 가치이기 때문에 존재의 우월을 가려 좋아하고 싫어할 일이 아니다. 인간관계에서 필요하지도 않은 절대적인 존재의 가치를 상대적으로 비교 계산하는 어리석음에 빠져서 누구나 자신의 존재가 우월함을 좋아하며 반기고, 열등함을 싫어하며 피한다. 사람과의 관계 목적은 존재욕구가 아니라 생존욕구를 위한 역할이다.

인간관계에서 유한한 생존욕구와 무한한 존재욕구를 모두 채우려고 하는데 문제가 있다. 이것이 사회생활에서 가장 큰 오류이다. 사람의 욕구는 채워야 하는데 욕구에 대한 정리가 안 되어 있고, 뭐가 뭔지 모르기에 모든 욕구를 외부에 채우려고 애쓴다. 인간관계에서 얻을 수 있는 것은 단지 생존욕구의 충족일 뿐이다.

절대적인 존재욕구는 상대적인 인간관계에서 충족될 수 없고, 오로지 자신의 내면 차원에서만 가능하다. 인간관계는 상대적이고 유한한 차원이다. 상대적이고 유한한 인간관계에서 절대적이고 무한한 존재욕구를 채우려고 하는 것 자체가 오산이다. 설사 인간관계에서 존재 우위를 확인하며 존재욕구를 채운다 해도 그것은 잠시의 착각일 뿐이다.

잠시의 착각에 지나지 않는 존재 우위 확인으로는 무한하고 영속적인 존재욕구를 결코 채울 수 없기에 인간관계는 필연코 불만과 갈등으로 가득 찰 수밖에 없다. 가족관계에서도 서로가 원하는 것은 서로의 역할이다. 부모는 자식에게 자식의 역할을 기대하고 원하며, 자식은 부모에게 부모의 역할을 기대하고 원한다. 부부 사이도 남편은 아내에게 아내의 역할을 원하고, 아내는 남편에게 남편의 역할을 원한다. 형제자매도 마찬가지로 서로 형제자매의 역할을 원한다.

흔히 사람들은 가족이란 혈연으로 맺어진 무조건의 관계이므로 떼려야 뗄 수 없는 관계라고 여긴다. 가족은 서로의 존재 자체만으로도 서로에게 의미와 가치가 있다고 생각한다. 그러나 과연 그럴까? 만약 자식이 부모가 원하는 자식의 역할을 안 하고, 부모가 자식이 원하는 부모의 역할을 안 하고, 남편과 아내가 상대가 원하는 각자의 역할을 안 하는데도 과연 서로에게 의미와 가치를 느낄 수 있겠는가?

아무리 가족이 무조건이고 뗄 수 없는 관계라고 하더라도 각자 맡은 바의 역할을 하지 않으면 존재 이유가 없어진다. 가족관계도 서로의 존재 이유는 역할이다. 부모의 역할을 안 하면 부모의 존재 이유가 없고, 자식의 역할을 안 하면 자식의 존재 이유가 없고, 남편과 아내의 역할을 안 하면 남편과 아내의 존재 이유가 없다. 흔이 멀리 있는 혈육보다 이웃사촌이 좋다는 말이 이래서 나온다. 이웃은 내가 필요할 때 있지만 멀리 있는 혈육은 필요할 때 역할을 못하기에 의미가 없다.

모든 인간관계에서 역할 없는 존재는 의미와 가치가 없다. 즉, 존재 자체만으로는 의미와 가치가 없으니, 모든 인간관계에서는 존재욕구가 충족될 수 없다. 가족관계도 존재 자체만으로는 의미와 가치가 없으니 가족에게서 존재욕구가 충족될 수 없다. 가족도 서로의 관계에서 얻을 수 있는 것은 생존욕구의 충족일 뿐이다. 가족은 혈연으로 맺어진 무조건의 관계라는 이유로 오히려 다른 인간관계보다 더 심하게 서로에게서 존재욕구를 채우려고 한다. 너무나도 당연하게 가족에게서 각자 자신의 존재가치를 확인하며 인정받으려고 한다.

존재가치 확인은 자신이 가족에게 없어서는 안 되는 소중한 존재라는 사실을 인정받는 것을 통해 이루어진다. 사람들은 없어도 되는 존재로 무시당하고 관심받지 못하는 것을 가장 힘들어한다. 가족 사랑도 서로 존재가치를 확인하면서 이루어진다. 서로가 서로에게 없어서는 안 되는 정말 소중한 존재라는 사실을 인정하면서 가족 사랑이 깊어진다고 여긴다.

존재 자체로는 의미와 가치가 없는 가족관계에서 존재가치 확인으로 이루어진 가족 사랑은 결국 증오를 낳게 된다. 서로 소중한 존재라는 가치를 인정받을 때는 사랑이 깊어지지만, 인정받지 못할 때는 증오가 깊어진다. 인정받을 때는 존재가 살아나고, 인정받지 못할 때는 존재가 죽어 없어지는 것으로 여기기 때문이다.

아버지는 가족을 먹여 살리기 위해 열심히 돈을 벌어오기 때문에 없으면 안 되는 소중한 존재이고, 어머니는 살림살이를 도맡아 가족들 뒷바라지를 해주기 때문에 없으면 안 되는 소중한 존재이고, 자녀는 가족의 미래를 담당해 줄 희망이기 때문에 없으면 안 되는 소중한 존재로서 존재 가치를 서로 인정받고 싶어 한다. 아버지가 소중한 것은 돈을 벌어오는 역할 때문이고, 어머니가 소중한 것은 뒷바라지하는 역할 때문이고, 자녀가 소중한 것은 미래를 담당해 줄 역할 때문이다.

역할을 잘하면 역할 가치가 높은 것이고 역할을 못 하면 역할 가치가 낮은 것이지, 존재 가치와는 상관이 없다. 역할을 잘하면 소중한 존재로 인정하고, 역할을 못하면 쓸모 없는 존재로 무시한다. 본래 존재는 절대적인 가치가 있어 어떤 것과도 무관하게 소중하다. 인정한다고 존재가치가 생겨나거나 무시한다고 존재 가치가 사라지지 않는다. 가정의 평화는 역할에서 오고, 가정의 불화는 존재에서 온다. 가족이 서로 각자 역할을 잘하고 역할 가치를 높이면 가정의 평화가 오고, 각자의 역할로 존재 가치를 높이려고 하면 가정의 불화가 온다.

가정의 평화와 불화는 가족의 생존 기반의 안전성에 큰 영향을 미친다. 가족이 각자의 역할 가치를 높여 생존 기반의 안전성이 높아지면 가정의 평화가 이어지고, 가족이 서로 존재 가치를 높이려다 생존 기반의 안전성마저 흔들리면 가정의 불화가 그치지 않을 것이다.

세상을 유지하며 이어가는 가장 근본적인 관계가 부모와 자식이다. 어떤 인간관계보다 우선되는 부모와 자식의 관계를 통해 우리는 인간관계를 배우기 시작한다. 자연스럽게 부모와 자식 사이에서 배우기 시작하는 것은 인간관계의 의존성이다. 누구나 태어나자마자 자신이 다른 사람에게 의존하지 않고는 생존할 수 없다는 사실에 직면하게 된다.

새가 알에서 깨어나 스스로 날개를 펴고 먹이를 구할 수 있을 때까지 어미 새에게 의존하지 않고는 생존할 수 없는 것처럼, 사람도 성장해서 스스로 생존할 수 있을 때까지 부모에게 의존하지 않을 수 없다. 자식의 생존은 부모에게 달려 있다. 자식은 어려서는 자신의 생존을 전적으로 부모에게 의존할 수밖에 없고, 성장해서 스스로 독립하여 생존하려면 성장과정 동안 부모에게 의존해야 한다. 자식은 독립하기 위해 부모에게 의존해야 하고, 부모는 의존하는 자식이 스스로 날개를 펴고 날아가 독립하도록 이끌어 주어야 한다.

가족은 근원적으로 생존공동체이다. 가족의 관계는 전체와 개체의 생존을 위해 필요한 공동체 관계이다. 즉, 생식을 통해 전체 생명 체계의 생존을 유지하며 노동을 통해 가족 전체는 물론이고, 각자 개체의 생존을 유지하기 위해 함께하는 공동체 관계이다. 전통적인 대가족의 가족공동체는 먼저 부모가 가족의 생존을 책임지며 이끌어가고, 나중에 자식이 성장하면 자식이 가족의 생존을 주도하고 이끌어가면서 함께 생존의 기반을 유지해 나갔다. 부모가 생존의 주도적 역할을 하면 자식은 보조적 역할을 하고, 자식이 성장해 주도적 역할을 하면 부모는 보조적 역할을 했다.

우리 사회는 1970년대 대가족이 해체되고 핵가족화가 일반화되면서 생존공동체의 역할 균형이 무너지게 되었다. 가족 단위가 부모와 자식 1~2명이 가족 단위를 이루면서 부모가 생존을 책임지고 자식이 부모에게 의존하는 생활패턴이 변화하게 되었다. 급기야 1990년 중반에 들어서면서는 이른바 캥거루족 확산으로 부모에게 의존하며 생존을 유지하고 독립을 포기하는 30~40대 미혼자가 증가하면서 사회문제가 대두되기 시작했다.

가족은 생존공동체로서 의존성과 독립성이 맞물려 균형을 이루어야 생존의 효율성을 높일 수 있다. 캥거루 가족처럼 의존성이 높아져 치우치거나 1인 가구처럼 독립성만 높아져 치우치면 생존의 효율성이 떨어지고, 심하면 생존 기반이 무너지게 된다. 의존성과 독립성은 맞물려야 생명력이 있다. 의존성만 있어 치우치고 독립성만 있어 치우치면 생명력이 사라져 의존성도 유지되지 않고 독립성도 유지되지 않는다.

의존성은 함께 가는 것이고, 독립성은 홀로 가는 것이다. 삶은 함께 가는 부분과 홀로 가는 부분이 맞물려 있다. 서양처럼 가족의 독립성이 강조되어 치우쳐도, 우리나라처럼 가족의 의존성이 높아 치우쳐도 가족관계의 활기가 떨어지고 생존 효율성에 문제가 생겨난다. 누구나 궁극적으로 홀로 가는 것이지만, 생존은 함께 가는 것이 유리하다. 부모와 자식도 함께 가면서, 또한 홀로 가야 한다. 결과적으로는 서로의 생존을 위해서 함께 가고, 서로의 존재를 위해서 홀로 가야 한다. 생존을 위해서도 함께 가면서 홀로 가야 하고, 존재를 위해서도 홀로 가면서 함께 가야 한다.

부모와 자식은 독립적으로 홀로이면서 의존적으로 함께일 때 삶 전체의 효율성을 높일 수 있다. 자식은 성장하면서 부모에게서 독립하고, 부모는 늙으면서 자식에게 의존하며 자식은 자식대로, 부모는 부모대로, 부모와 자식 사이의 독립성과 의존성이 맞물려 균형을 이루어야 한다. 그럼으로써 '함께'와 '홀로'가 맞물려 생명력이 충만한 삶을 이끌어 갈 수 있다

세상에 모든 것은 균형으로 이루어져 있다. 균형이란 두 개가 함께 있다는 것이다. 두 개가 그냥 있는 것이 아니라 맞물려 있다. 두 개의 요소가 맞물려야 새로운 차원이 발생하고 생명력이 있다. 부모 자식 간에도 의존과 독립이 맞물려야 하는데 의존력만 키우는 부모의 행동이나 나라의 정책이 더욱 젊은이들 독립을 어렵게 한다.

과거에 부모들은 헐벗고 어렵게 살았기에 자식만큼은 그런 고통은 대물림 해주지 않겠다는 사고로 모든 것을 자식한테 올인하는 상황이 지금 우리 현주소다. 젊은이들은 생존에 대해 생각을 깊게 할 필요가 없다 보니 독립의 필요성이 떨어져 무능하게 만드는 상황에 이르고 있다. 교수와 학생도 마찬가지이다. 학생들이 뭔가 생각하는 기회를 주어야 생각하는 사고방식을 독립할 수 있는데 학교 수업 방식은 의존하게 만들어 놓고 독립적이고 창의적이어야 한다고 강의하고 있다.

연인도 마찬가지이다. 남녀가 독립과 의존이 균형을 이루어야 하는데 어느 한쪽이 일방적으로 하게 되면 싫증나는 것은 맞물리지 않기에 생명력이 없어지고 헤어지는 동기가 된다. 회사도 마찬가지, 친구 관계

도 마찬가지, 세상에 관계는 같은 원리이다. 이런 관계를 못하면 갈등이 발생하고 관계를 할 수 없어 생존력이 낮아진다.

이러한 모든 전제는 앞에서 언급한 역할 가치에 따라서 결정된다. 내가 할 수 있는 역할을 못하게 되면 상대가 힘들어진다. 상대가 힘들어지면 한두 번은 이해하나 지속은 어렵다. 내가 있는 상황과 상대가 무엇을 원하는지 안테나를 세워놔야 한다는 의미이다. 지금 많은 사람이 이것을 못하고 있다. 이유는 세상에 힘든 것은 모두 피하고 쉽고 편한 것만 선택하며 살아왔기에 한쪽으로 치우쳐 균형력을 잃었다. 균형력을 잃은 것을 다시 높이는 방법은 사고 전환교육이다.

대학 진학률 세계 1위, 전 국민이 대학 가는 시기에 무엇이 변별력이 될까? 결국, 사회에 필요한 인재이다. 사회에 필요한 인재는 쓸모 있는 인간이고 쓸모 있는 인간은 역할 가치가 높은 사람을 말한다. 역할 수행을 잘하는 사람이 사회가 필요로 하는 인재이다. 기업이 봉급을 좀 더 주고라도 경력사원을 채용 하는 것은 쓸모때문이다. 쓸모 있는 사람을 양성하는 것이 교육기관 역할이고 교육의 사회적 필요성이다. 지금은 교육기관 춘추 전국 시대이다. 대학, 언론매체, 기업, 온라인상의 수많은 강좌와 핵심 내용이라며 정보를 제공하고 있다.

그런데 해야 한다는 필요성은 제기하지만 어떻게 해야 하는 How to는 별로 없다. 열심히, 성실하게, 차별화, 부지런하게, 남과 다르게 등의 키워드가 대부분이다. 사람이 잘 산다는 것은 생존을 잘해야 하고 생존을 잘하려면 인간관계를 잘해야 하는 것이며 관계를 잘하는 것은 역할 가치를 높여야 쓸모가 있는 것이다. 쓸모가 있으려면 이분법적인 사고에서 통합적 사고방식으로 틀을 넓혀야 하며 틀을 넓힌다는 것은 경로 확장과 더불어 이기를 위한 이기가 아니고 이타를 통한 이기적인 틀을, 늘 지향을 맞물림 삶을 실천하는 것이 핵심 내용이다. 이것을 실천하기까지는 지속적인 반복 교육이 필요해서 '나다만' 인생학교를 운영하고 있다. 세상에 공짜는 없다. 살아가는 방법과 인간관계 쓸모에 대한 사고방식을 함께 고민하며 사고 전환하는 교육 모임이다.

나다만(나를 다시 만드는 인생)은 인생을 다시 만든다는 뜻이다. 모든 사람이 세상을 너무 쉽고 편하게 살려고 추구하다 보니 인간관계의 많은 문제와 갈등이 증가하고 있다. 살아가는 데 무엇이 되었든 쉽고 편하게 얻을 수 있다면 세상에 공짜가 있음으로 증명하면 된다. 방식이 같으면 결과는 늘 같다. 방식을 바꾼다는 것이 혼자는 힘들기에 함께 모여서 서로 확인하고 도우며 발전하는 시간을 갖는다. 나다만은 영남대학교 글로벌평생교육원에서 교육하고 있다.

6장
나는 쓸모 있는 사람인가

목적에 쓸모가 있을 때 의미 가치가 있다

목적에 의미 가치가 있을 때 쓸모가 있고, 의미 가치가 없을 경우 쓸모가 없다. 글을 쓰거나 공부하거나 비즈니스를 할 때는 노트북이 매우 유용한 도구이기에 쓸모가 있고 의미 가치가 있다. 하지만 노트북을 잘 다루지 못하거나 노트북으로 할 일이 없는 어르신의 경우 노트북이 쓸모가 없다. 동시에 노트북의 의미 가치도 없다.

세상에 모든 것이 쓸모 없음의 쓸모로 구성되어 있다. 누구한테는 쓸모가 있고 누구한테는 쓸모가 없다는 말이다. 세상에 쓸모가 없는 것은 없다. 단지 상황에 따라 쓸모가 있는 것이다. 앞에서 기술했던 어르신은 노트북이 쓸모가 없지만 중고로 팔거나 노트북이 필요로 하는 사람은 매우 쓸모가 있다.

모든 물건이나 사람은 쓸모 없음의 쓸모란 말이 성립된다. 당장 나에게는 쓸모가 없지만 언젠가 누구에게는 쓸모가 있다. 택배로 물건을 사면 물건을 보호하기 위해서 박스로 잘 포장해 온다. 그 박스는 쓸모를 다하여 버려지지만 폐지를 필요로 하는 사람은 매우 귀중한 쓸모가 된다. 세상의 이치가 다 같다. 쓸모 없음의 쓸모란 말이 정답이다. 사람도 마찬가지이다. 어디에 가면 쓸모가 있고 어디에 가면 쓸모가 없다. 이것을 잘 파악하는 사람이 진정으로 쓸모 있는 사람이고 이런 사람을 눈치가 빠르다. 또는 영리하다고 하고 인재라고도 하며 사회시스템에서는 이런 사람을 항상 필요로 한다. 이것이 사회생활 잘하는 사람이고 능력 있는 사람이다.

앞장에서 설명한 역할 가치와 쓸모의 관계를 다시 정리하면, 역할 가치가 높으면 쓸모가 있고 역할 가치가 낮으면 쓸모가 없다. 즉, 쓸모가 있을 때 역할 가치가 있다는 말과 같다. 이는 사람이 둘 이상 모이면 반드시 적용되는 원리이다. 가정이든 사회이든 군대든 나이가 젊든 노인이든 인간관계의 기본적 원리이다. 이것을 어떻게 하면 되는 것인가는 사고방식의 문제이지 된다, 안 된다의 문제는 아니다. 쓸모가 없다는 것은 다른 말로 필요가 없다는 말이고 필요가 없다는 것은 존재가치가 없다는 말과 같다. 없어도 된다는 말은 가치가 없는 말과 같고 가치가 없다는 말은 있으나 마나 한 사람이기에 생존이 어렵게 된다는 말이 된다. 쓸모라는 단어가 얼마나 중요한지 다시 한번 생각해 볼 필요가 있다.

인생 전체로 보았을 때도 마찬가지이다. 사회생활을 하면서 쓸모가 있어야 필요한 존재가 된다. 사회생활의 쓸모가 인생의 궁극적인 목적에 쓸모가 있으면 삶의 의미 가치가 있다. 이 경우 삶이 활기가 있고 반대일 경우 목적 없는 삶이 된다. 이렇게 사는 것이 맞는 것일까는 생각을 자주 하게 된다. 삶이 힘들다는 것을 자주 느끼게 된다. 빈자든 부자는 힘든 것은 마찬가지이다. 살아가는 생존의 목적은 쓸모가 있으나 존재의 목적에 쓸모를 찾지 못하니 삶이 허무하게 느껴지는 것이다.

생존욕구를 통해서 존재욕구를 추구하는 것이 삶의 목적이다. 생존에서 존재욕구를 찾고자 부단히 애쓰고 있으니 목적을 찾지 못한다. 존재욕구의 목적에 쓸모를 찾는 것이 종교이다. 삶의 목적이 무엇일까? 누구나 한 번쯤 고민하는 과제이다. 이것은 결국 종교와 직결되는 사항이다. 모든 종교가 추구하는 것이 결국 하나이다. 죽음에 대한 두려움과 죽지 않고 영원히 살 수 있는 것에 대한 해답을 찾는 것이다. 이것이 존재욕구의 목적이 된다. 종교마다 해법과 단어가 다를 뿐이고 추구하는 것은 하나이다. 영원히 살고 싶은 욕망이다. 따라서 종교마다 궁극적인 목적에 쓸모가 있을 때, 종교의 의미 가치가 있고 삶의 의미가 있는 것이다. 이것이 '왜? 사는가'의 답이 된다. 지금의 종교는 삶을 잘 사는데 목적을 두고 있다. 그래서 "행복하게 살아라. 사랑하며 살아야 한다"라고 하고 있다. 목적이란 단어의 뜻을 앞부분에서 설명했듯이 목적은 행위 밖에 있다고 하였다. 따라서 삶은 궁극의 목적을 얻기 위한 수단이기에 목적을 찾을 수 없다. 삶은 목표이고 궁극이 목적이 되는 것인데 목표에서 목적을 찾으려고 애쓰고 있다.

생각하는 사고의 힘을 키워야 한다

쓸모가 있다고 하는 것은 목적에 의미 가치가 있다고 하였다. 어느 상황이 되는 목적이 무엇인지 파악해야 한다. 앞에서 기술했듯이 목적을 명료하게 하면 얻고자 하는 바가 명료해진다. 목적을 명료하게 파악했으면 목적에 맞는 상황 판단으로 행동을 취할 때 쓸모 있는 사람이 된다. 쓸모 있는 사람은 주어진 상황 판단을 잘하고 상황에 맞게 행동을 한다. 이것을 역할이라 하였다. 역할을 잘하는 사람을 쓸모 있는 사람이라고 한다.

역할은 상황에 맞게 상대가 필요로 하는 것을 해주는 것을 말한다. 문제는 상황 판단을 어떻게 하느냐가 관건이다. 이것이 쓸모의 핵심적인 사항이라고 할 수 있다. 상황 판단은 생각하는 훈련을 해야 한다. 주어진 상황이 있으면 어떤 상황인지 분위기 파악하는 훈련이다. 늘 정신을 차려야 한다는 것을 뜻한다. 정신을 차린다는 것은 내가 하고 있는 것을 알고, 상대나 상황이 어떤 상태인지 알아차려야 한다는 것이다. 그런데 지금 젊은이들은 정신을 차릴 필요가 없는 것처럼 생각하며 살아가고 있다. 이유는 두 가지로 정리가 된다.

첫째, 생존에 급급하지도 않고, 어떻게 먹고 살아야 하는지 별로 고민하지 않는다. 경제가 발전하면서 물질이 풍부해지고 든든한 부모가 있기 때문이다. 사실 이 부분은 부모가 잘못하는 것이다. 부모가 안타깝다는 생각과 내 자식은 고생시키는 것을 원하지 않기 때문에 자식이 원하는 것을 거의 해결 해주는 것을 생활화되었고 자식은 그것이 편하기에 고민을 안 해도 생존할 수 있는 사회시스템이 문화로 정착된 것이 아닐까는 생각이다.

더불어 코로나19로 인하여 인적교류가 제한되는 상황이 지속되면서 오프라인으로 소통하는 기회가 줄어들었다. 자기만의 생각에 빠져서 사람 관계가 더욱 어렵게 되다 보니 사고력이 떨어지게 되었다. 이는 학교 수업에 들어가 보면 절실하게 느껴진다. 코로나 이전과 이후의 너무도 많은 변화에 놀란다. 코로나 이전 수업 시간은 똘망똘망하여 수업

몰입도도 높았다. 2년간 온라인 수업을 하다가 오프라인 수업에 들어가서 너무 충격적인 태도에 당혹하였다. 다른 교수들에게 물어보니 수업에 들어가는 것이 부담으로 작용한다고 말할 정도였다.

이것은 누구의 잘못도 아니다. 비대면 흐름이 지속되어 문화로 바뀐 것이다. 어떤 상황이 되어도 아무 생각 없이 그냥 지내는 것을 당연시하는 상태가 되었다. 과연 이런 상태가 생존에 유리할까를 생각해 보면 긍정적인 시각보다 부정적 시각이 많다. 사회생활을 시작하면서 의견 충돌이 생기거나 어려운 일 맞이하게 되면 스스로 포기하는 상황이 증가하고 있다는 뉴스나 기업인을 통해서 얼마든지 확인할 수 있다.

최근에 대기업 퇴사율이나 공무원 퇴사율을 보면 지금의 상황을 잘 이해할 수 있다. 어려움이 발생하면 자기계발을 통한 극복 방안을 모색하기보다 퇴사를 한 후 다른 직업을 찾으려고 하는 작금의 상황이다. 이것이 잘못되었다는 것이 아니다. 어느 사회조직에 가면 어려움이 늘 있다는 사실을 인지하지 못하고 사려 깊은 생각 없이 행동에 옮기다 보니 생존력은 더욱 낮아지는 현상을 우려한다.

둘째, 살면서 정신을 차려야 하는 데 그럴 필요가 없는 이유는 모든 것을 손 안에서 해결하고자 하는 스마트폰과 전자기기 발달 때문이라고 생각된다. 정보나 공부나 취미나 쇼핑이나 필요할 때 전자기기에 의존하는 것이 생활화되어 있다. 식당을 가든, 학원을 가든, 대중교통을 이용하든 한 번쯤 머리로 생각하고 고민하며 해결책을 찾기보다 손쉽게 스마트 기기에 의존하다 보니 생각할 필요가 없고, 기억해야 할 필요성이 낮아져 필요할 때만 뽑아 쓰는 이른바 티슈 인생이 생활화되어 있다. 살아가면서 생각지도 못하는 일이 발생하거나 어려운 일이 발생하면 빠른 판단력으로 결정해야 하는데 생활이 기계에 의존하다 보니 판단력이나 결정력이 떨어진다. 이로 인해 사회생활에 많은 문제가 발생하고 생존력이 떨어진다. 결국 조직 생활에 적응하기 어려움이 생긴다.

크게 이런 두 가지 이유로 쓸모 의미의 가치가 떨어진다. 정책 측면을 보면 나라가 경제성장을 이룬 자본으로 복지제도라는 시스템을 구축하여 생존의 안전벨트를 구축해 놓다 보니 실업자가 되어도 젊은이들에게 지원하는 다양한 혜택이 있고, 젊은이들은 일을 하지 않아도 굶어 죽지는 않는다는 사실을 잘 알고 있다. 이런 상황에서 젊은이들이 생존하기 위한 고민은 줄어든다.

이런 사회시스템이 사람들 생각의 힘을 낮추고, 무능하게 만들어 놓았다. 무능하면 타인에게 의존하며 생존하게 되어 있다. 이런 문화가 현대인들의 생각의 틀을 좁게 하고 있고, 더욱더 쓸모가 낮아지는 사람을 양상하고 있다. 다양한 이유가 있겠지만 크게 두 가지 원인이 가장 클 것으로 판단된다. 이런 사회구조가 쓸모없는 사람을 만들어 놓고 인재를 찾고 있는 것은 아닐까 생각한다. 인재는 사회에서 언제나 필요하지만 정책이나 사회시스템이 사고력을 약화시키고 있다. 학교의 교육도 생존력 교육보다 존재감을 높이는 교육을 하고 있다. 그렇다고 해서 이 시대에 전자기기나 사회시스템에 의존하지 말라는 것은 아니다. 독립적인 사고의 힘은 낮아지고 의존력을 키워 생각하는 힘을 잃은 균형의 문제가 있다.

세상에 존재하고 있는 모든 사물은 사용의 필요성 때문에 존재한다. 사용하지 않으면 퇴보하는 것이 자연의 이치다. 사람의 신체와 두뇌도 마찬가지이다. 신체도 운동이나 관리를 하지 않으면 퇴보하고 신경세포도 고민하고 기억하는 뇌신경망을 사용하지 않으면 퇴보한다. 최근에 젊은 치매 환자가 급증한다는 뉴스는 지금 같은 생활과 무관하지 않다. 모든 것은 사용하지 않으면 퇴보하는 것이다. 퇴보하는 것은 생존력이 약화된다는 의미이다. 지구의 동물 중 인간만이 가지고 있는 특별한 것은 생각하는 힘을 가지고 있는 것인데 이것이 퇴보한다는 것은 삶의 많은 변화가 일어날 수밖에 없는 것이다. 조직 생활과 인간관계에서도 판단력이 부족하게 되어 관계 형성이 어렵게 되는 사회적 문제로 발전할 것이다. 전자기기의 의존과 나의 생각하는 힘이 균형을 이룰 수 있는 지혜가 필요한 시기이다.

쓸모 있는 사람의 사고방식

어느 기업이든 인사 부서가 있다. 인사란 사람을 관리하고 적재적소에 사람을 배치하는 업무를 한다. 배치란 사람의 인성이나 성격 등을 고려하여 경영 목표에 부합할 수 있는 기준으로 배정하는 작업이다. 외형적 내성적 등을 고려하여 쓸모 있는 역할을 할 수 있게 하는 것을 인사관리시스템 또는 인재 양성이라고 한다. 쓸모 있는 사람을 찾고 관리하며, 이것을 역할이라 한다. 이유는 쓸모가 있어야 필요하기 때문이다. 쓸모가 없으면 어디에도 필요가 없다.

회사의 직급 기준도 역할이다. 사원, 과장, 부장, 대표라는 직급은 역할의 세분화이다. 과장은 과장의 역할을 잘할 때 쓸모가 있고 그런 과장을 회사가 필요로 한다. 과장으로 진급했는데 역할이 더 이상 그 조직에서는 쓸모가 없으면 더 진급이 안 되는 것은 물론이고 시간이 지나면서 정리 대상이 되거나 본인 스스로 조직에서 떠나게 된다. 직급이

다르면 상황이 바뀐 것이고 상황이 바뀌면 나의 업무 상대가 자가 필요로 하는 것이 다르기에 나의 역할이 변해야 한다. 상대자는 회사가 될 수도 있고, 상사가 될 수도 있고, 때로는 사원이 될 수 있다. 거래처 상대나 관계하는 모든 사람도 될 수 있다. 주어진 상황에 따라 무엇 필요한지 판단을 잘하는 사람이 역할 가치가 높은 사람이라고 하고 인재라고 부른다. 기업이나 인간관계에서 원하는 것은 이것이 전부이다. 따라서 직급에 맞는 상황 판단력이 곧 쓸모 있는 사람이고 필요한 사람이다.

기업에서 사람을 스카웃 할 때는 역할을 잘 수행하는 사람을 영입한다. 역할 가치가 높으면 쓸모가 있기에 그만한 급료를 제공하고 채용한다. 이것이 사회시스템이고 원리이다. 급료는 쓸모의 대가이다. 스카우트하여 그만한 쓸모가 없으면 필요성이 없기에 조직을 떠나야 한다. 환경이 바뀌었는데 생각하는 방식과 행동방식이 그대로이면 그 직급에서 쓸모가 없어진다. 상황 판단을 잘하려면 직급에 맞는 생각의 틀로 바뀌어야 한다.

사회생활도 인생 설계도 마찬가지이다. 특히 남자는 젊었을 때 경제적 활동이 왕성하여 본인의 쓸모 가치가 있을 때의 기준과 나이가 들면 경제 활동이 능력을 상실하게 되면서 쓸모가 낮아지면 기준이 다르기에 역할이 달라져야 한다. 나이가 들면 역할도 바뀌고 변화되는 상황을 잘 파악하는 사람이 노년을 잘 보낸다. 남자는 주로 가정 외적인 활동을 통해, 생존하다가 나이가 들면 가장 내적인 상황에서 생존을 하게 된다.

역할이란 상황이 바뀌면 상황에 맞게 행동하는 것이라 했기에 역할이 변해야 한다. 역할이 변하지 않으면 생존이 불리하다. 남자가 나이가 들면 여자 역할을 함께 하는 것이 좋다. 여자의 역할은 젊을 때나 나이 들거나 많은 변화가 없다. 역할의 변화가 작다. 남자는 변화의 폭이 넓기에 변화에 따라서 행동이 바뀌어야 한다. 외부 활동 영역이 줄기 때문에 내부 영역인 집안 청소도 하고 세탁기가 작동하는 것도 알아야 하고 간단한 요리를 하여 동반자와 함께 생존하는 방식으로 변화해야 생존력이 높아진다. 대부분 남자는 젊었을 때 돈을 버는 경제적 활동을 했기 때문에 노후에는 쉬어야 한다는 논리로 자기를 합리화한다.

이 논리는 남자만 일하였고 여자는 일을 안 했다고 단정하는 사고방식이다. 여자의 가사노동은 일이 아니라는 아주 잘못된 사고방식이 전제되어 있다. 남자는 변화의 필요성이 낮고 본인 입장에서 가장의 위치가 가장 유리한 입장이다. 따라서 역할을 바꾸는 것을 생각하지 않고 나머지 인생을 같은 방식으로 살아가려고 한다. 가사 노동은 가정 내에서 이루지는 청소, 세탁, 요리, 자녀 양육, 교육 등등을 말하며 급여를 지급하지 않지만, 경제적 가치는 여성과 남성 비중이 비슷하다는 사실을 2021년 통계청이 발표하기도 했다.

남자는 30대에 시작하여 50대 중반 전후로 약 25년 정도 경제활동을 하는 역할을 하지만, 여자는 30대에 시작하여 80세 전후까지 무려 50년 정도 가사노동을 하고 있다. 이런 상황에서 가사노동을 경제적 가치로 생각하지 않는 사고방식을 가지고 있으면 갈등을 유발하여 생존에 불리할 수밖에 없다.

자신의 사고방식을 바꾸기는 어렵다. 순간순간 불리한 상황을 회피하며 자기 합리화를 주장하며 사는 것이 편하기 때문에 무의적으로 반복된 행동을 한다. 변화가 힘들기에 현재의 상황을 유지하고자 한다. 삶이 내 의지대로 되면 얼마나 좋을까만 그리되지 않는다. 인생 후반에 배우자와 잘 살다 같은 날에 동시에 이 세상을 떠나면 좋겠지만 이것은 로또 당첨보다 확률이 낮다.

우리의 삶은 자연의 원리와 같다. 자연은 잃은 만큼 얻는다. 우리는 잃지 않고 얻으려고 발버둥치고 살았다. 그래서 원하는대로 안 되는 것이다. 이 순간부터라도 세월에 따라 상황에 따라 변화되는 삶을 살아야 한다. 그것이 잘 사는 것이고 인생의 역할임을 깨닫는 것이 인생의 궁극적 목적은 향하여 가는 길이다.

최근 사회적 문제로까지 번지는 황혼 이혼 문제를 보면 전체 이혼율 중에 황혼 이혼율이 28.7%로 아시아 1위로 증가세가 빠르게 진행하고 있다. 이유가 성격 차이가 가장 많다. 실상은 남자의 역할은 변하지 않고 같은 방식으로 생활을 지속하니 여자 입장에서 보면 쓸모의 가치가 낮아져 같이 살 이유가 별로 없기 때문이다. 젊었을 때는 돈이라도 벌었으니 참고 살고 자식들 눈치 보며 살았는데 은퇴하니 돈을 버는 것도 아니고 남자로서 매력이 있는 것도 아니고 자식도 성장했으니 함께 산다는 것이 귀찮은 존재가 된 것이다. 쓸모가 없어졌으니 필요가 없는 것이다. 이런 상황이 되면 남자가 상황판단을 잘해야 생존력이 생긴다. 후반 인생 설계는 여기에 달렸다.

역할 가치가 낮아지면 쓸모가 없어진다. 쓸모가 없으면 필요가 없기 때문에 이혼이 증가한다. 이것을 잘 받아들이는 사람을 유연한 사람 또는 생각이 있는 사람 또는 깨어 있는 사람 또는 틀이 넓은 사람이라 한다. 생각을 하며 살아야 한다. 이것을 사고방식이라고 한다. 사고방식이 바뀌지 않으면 생존력이 낮아지고 생존력이 낮아지면 삶이 힘들 수밖에 없다. 어떻게 사고방식을 바꿔야 하는가? 통합적 사고로 생각하고 이분법으로 결정하는 사고방식 전환이 쓸모 있는 사람이 되고 필요한 사람이 되며 필요한 존재가 된다.

쓸모 없음의 쓸모

쓸모란 단어를 쓸 만한 가치라고 국어사전에 표기되어 있다. 쓸 만한 가치란 또 무슨 말일까? 가치의 기준은 쓸모를 말한다. 가치가 있다는 것은 쓸모가 있다는 것을 말하는데 어디에 쓸모가 있느냐에 따라서 가치가 달라진다. 상황에 따라 쓸모가 변한다. 물건이나 사람이 똑같다. 스마트폰을 대략 3년 정도 사용하면 새로운 모델로 바꾼다. 사용하던 폰은 나에게는 별 쓸모가 없다. 버리거나 중고로 아주 싸게 팔거나 집안 어디에 있어 가치가 없다. 하지만 중고 폰을 수출하는 사람이나 후진국 사람들은 매우 쓸모가 있는 것이다. 쓸모는 목적에 따라 변하게 되고 이것을 상황으로 봤을 때 쓸모 없음의 쓸모라 한다. 사람이 다재다능하다는 것은 상황에 따라 쓸모가 있다는 말과 같다. 이런 상황에 있음에도 쓸모없는 짓을 더 많이 하는 사람은 사회생활이나 인간관계가 문제를 겪게 된다.

세상에 모든 이치는 쓸모 없음의 쓸모가 작동되기 때문이다. 아무리 무능하거나 몸이 좀 불편한 사람일지라도 모두 쓸모가 있다. 세상에 존재하는 모든 것은 그만큼 소중하다는 의미이다. 쓸모 없음의 쓸모는 내 기준으로 봤을 때 쓸모가 없는 것처럼 보이지만 다른 곳에 쓸모가 있다는 말이다. 쓸모의 기준은 목적에 쓸모가 있느냐에 있다.

목적을 명료하게 하고 목적에 쓸모가 있으면 가치가 있다. 목적이 무엇인지 대한 생각을 하지 않기 때문에 쓸모의 기준이 정리가 안 되는 것이다. 생활에 사용하는 모든 물건은 생산할 때부터 소비자의 목적에 맞게 상품화를 계획하고 생산하여 필요한 사람이 목적에 맞게 사용하면 쓸모가 있는 것이지만, 사람의 경우 상황에 따라 쓸모의 가치가 달라지기 때문에 상황 판단이 매우 중요하다. 상황 파악을 못하면 목적 파악을 못하게 되고 목적 파악을 못하면 결국 쓸모가 없게 되는 상황이 되기에 불필요한 존재가 된다.

대학 동기 모임에 4명이 모였다면, 옛날 대학 생활에 관한 대화가 공통적인 주제가 된다. 공통적인 대화를 해야 공감이 생기고 모임에 대한 목적을 얻을 수 있기 때문이다. 그런데 세 명은 대학 시절 얘기를 하고 다른 한 명은 직장에서 스트레스를 받는 말이나 여행 다녀온 얘기를 한다든지, 지금 모임의 상황 파악을 못하는 말을 계속하면 나머지 3명이 친구들과 공감대가 형성되지 않고 모임의 목적에서 벗어나기 때문에 친구들이 쓸데없는 말 그만하고 술이나 마시자 이런 식으로 대화가 진행된다. 쓸데없는 말이란 이 모임 목적과는 다른 대화를 하지 말자는 메시지가 있다. 그럼에도 지속적으로 같은 패턴의 대화를 하면 다음 모임에는 초대받지 못하거나 다른 친구들이 참석하지 않을 것이다.

사람은 상황 판단에 따른 역할에 따라 쓸모의 가치가 달라진다. 상황판단을 잘 하는 사람과 판단을 못하는 사람의 차이는 곧 생존력의 차이다. 쓸모 있는 인재가 되기 위해서는 상황 판단력이 있어야 하는데 이것을 사고방식이라 한다. 나 중심으로 상황판단 하느냐, 상황 목적에 따라 하느냐의 차이지만 매우 어려운 문제이다. 결국 생각의 틀을 넓히는 경로 확장을 해야 한다.

경로 확장을 하는 데 가장 좋은 방법은 몸을 통한 경험이지만, 간접적인 책을 통해서 스스로의 깨우침으로 확장할 수 있다. 이런 자기계발은 반드시 고통이 전제한다. 고통 없이 사고의 틀을 넓힌다는 것은 불가능하다. 따라서 성공하는 삶은 고통과 비례한다. 그래서 세상은 공짜가 없다는 것에 모든 사람이 공감한다. 대부분 사람이 말로는 공감하지만 나한테는 공짜 있을 것처럼 하루하루 살고 있는 것이 또한 현실이다.

어느 조직에서나 쓸모 있는 사람을 원한다. 조직의 목표 달성을 위해서 필수불가결한 것이 사람이기 때문이다. 사실은 사람이 필요한 것이 아니라 사람의 역할을 필요로 한다는 표현이 정확하다. 역할 수행을 잘하는 것이 인재라고 표현한다. 어느 조직이나 모두 쓸모 있는 사람을 채용한다 해도 모든 사람이 쓸모 있는 것은 아니다. 쓸모가 있다고 하는 것은 역할 수행을 잘한다는 의미이며 상대적으로 역할 수행이 좀 부족한 사람이 필연적으로 존재하기 마련이다. 왜냐하면 잘한다는 것은 상대적 기준이므로 역할 수행이 부족한 사람이 있어야 잘하는 사람이 성립된다. 이것이 쓸모없음의 쓸모이다. 전국 고등학교 수학 1등 하는 학생들을 모아놓고 시험을 치면 1등과 꼴찌가 나오는 원리와 같다. 꼴찌 하는 학생이 없으면 1등이 존재하지 않는다. 그래서 꼴찌 하는 학생도 매우 소중한 가치이고 쓸모가 있는 것이다.

어느 한 상황을 놓고 쓸모가 좀 낮다고 해서 모두 쓸모가 없다고 하는 것은 잘못된 생각이다. 일등주의만 가치 있다고 교육한 결과이기도 하다. 어느 한 부분에서 쓸모가 좀 낮아도 다른 곳에서는 쓸모가 있다.

집에 가면 가장으로 쓸모 아빠로 쓸모 등 상황에 따라 역할이 다르기에 쓸모가 있다. 세상에 존재하는 모든 것은 쓸모 있음과 쓸모 없음으로 맞물려 가고 있다. 이것을 쓸모없음의 쓸모라 한다.

옛 속담에 '안에서 새는 쪽박은 밖에서도 샌다'는 말이 있다. 많은 사람이 공감하는 말이 아닐까 생각한다. 이는 사고방식의 문제이다. 생각하는 틀이 좁아서 자기중심으로 행하거나 부정적인 마음가짐이 몸에 배여 있는 경우가 많다. 어떤 상황이 전개되면 상황 판단력이 늦고 역할 가치가 낮아진다. 여기를 가나 저를 가나 늘 새는 쪽박이 된다. 이런 사람의 문제는 사고방식을 확장하는 교육이나 훈련을 통해서 가능하지만, 생존에 위협을 느끼거나 필요성 수준이 매우 높을 때 가능하다.

현재 젊은 세대들은 새는 쪽박이라 해도 생존에 위협을 느끼지 못하기에 필요성이 낮으며 교육을 해도 별 효과가 없다. 주위에도 이런 사람들이 있지만 교수라는 안정된 직업상 생존에 위협을 느끼지 않으니까 그대로 살아간다. 이리되면 역할 가치가 낮아져서 학생들이 피해를 볼 수가 있다. 이런 것을 쓸모 없음의 쓸모라 하고 반드시 필요한 존재이기도 하다. 생존을 잘하기 위해서 늘 쓸모 있는 사람이 되는 것이 현자일 것이다. 쓸모가 있다는 것은 반드시 필요한 존재이고 필요한 존재는 없어서는 안 되는 사람이기 때문이다.

이러한 사고방식과 습관은 사회생활을 하는 데 많은 사람에게 환영받는다. 반대로 쓸모가 낮아 있어도 되고 없어도 되는 사람이거나, 있으면 안 되는 존재하면, 사회에서는 필요하지만, 개인의 생존에서는 문제가 된다. 이분법적 사고 틀에서 통합적 사고의 틀로 전환하는 것이 매우 필요하다.

통합적으로 생각하고 이분법으로 결정하는 지혜로운 삶

살아 있는 모든 존재는 이기적이다. 이기적이어야 생존에 유리하다. 다만, 인간의 생존은 이기적인 것과 이타적인 것이 맞물릴 때 생존이 유리하고 반드시 그러해야 한다. 독립적인 또는 개개인의 생활보다 사회관계망을 통한 생존하는 것이 유리하기 때문이다. 이것을 사회 또는 조직이라 한다. 사회는 다양한 사람들과 어울려 살 때 생존력이 높아지며 어울림을 통해 서로서로 필요한 것을 주고받을 때 관계가 지속된다. 이것이 동물과 사람과 다른 점이다. 동물은 관계보다 이기적인 생존력만 있으면 된다.

동물은 일을 통해 생존을 이어가고 사람은 역할을 통해 생존을 이어간다. 일과 역할은 차원이 다르기에 이해하는 데 혼란스러울 수도 있지만 이기적인 비중이 큰지 이타적인 비중이 큰지 기준으로 생각하면 된다.

내가 필요로 하는 것을 일이고 상대가 필요로 하는 것은 역할이다. 우리의 삶은 이기적인 것과 이타적인 것을 반복하며 결정한다. 이기적인 행동으로 했는데 결과적으로 타인의 삶과 사회에 이익이 될 수도 있고 이타적인 행위가 결과적으로 상대에게 상처가 되는 일도 발생할 수 있다. 행위와 의도가 늘 일치 하지는 않는다. 그 이유는 인간관계가 절대적인 것이 아니고 상대적이며 상황에 따라 다르기 때문이다. 사람을 이기적인 사람 이타적인 사람으로 구분할 수는 없는 것도 마찬가지이다. 성향이 그럴 수 있다는 것이며 상황에 따라 다를 뿐이다. 늘 이기적인 패턴으로 생활하는 사람도 있기는 하다.

항상 이기적인 패턴만 사용하는 사람은 인간관계가 어렵다. 사회생활이 힘든 이유는 이타적인 상황을 요구하기 마련이다. 이렇게 삶의 방식은 삶의 질을 결정하는 중요한 요건이다. 지금 나의 삶 수준은 나의 사고방식으로 결정한 결과이다. 삶이 문제가 있다고 인정하면서 같은 사고방식으로 결정하면 내 인생이 달라질까? 그럴 확률은 거의 제로에 가깝다. 세상에 존재하는 모든 것은 지금까지의 방식으로 결정된 결과이다. 사물이든 사람이든 광물이든 동물이든 같다. 따라서 지금보다 다른 결과를 얻으려면 방법이 다르게 해야 한다.

성장하고 성공하는 인생을 살고 싶으면 삶의 방식을 바꾸는 혁신을 해야 한다. 삶의 방식을 변화시키는 출발점은 생각하는 사고방식에 있다. 다른 삶을 살고 싶다면 사고의 방식을 바꿔야 한다. 방법이 다르면 결과가 다르기 때문이다. 사고방식이 바뀌야 행동방식이 바뀐다. 사고방식의 방법에는 두 가지 태도가 있고 생각에도 두 갈래 길이 있다.

태도는 낙관과 비관이고 생각의 원리에는 긍정과 부정이 있다. 긍정적인 생각의 갈래에서 낙관적인 삶의 태도가 나오고 부정적인 생각의 갈래에서 비관적인 태도가 나오게 된다. 삶을 긍정적으로 생각하며 낙관적인 태도로 살 것인가, 부정적으로 생각하며 비관적인 태도로 살아갈 것인가 두 갈래 길이 있기에 둘 중 하나를 선택할 수밖에 없다고 생각하는 것을 이분법적 사고방식이라고 한다.

이분법적 사고는 세상을 두 쪽으로 나누고 둘 중 하나만 선택하고 하나는 배제하는 사고방식이라 배제적 사고라고도 한다. 흔히 우리는 긍정적 사고방식과 부정적 사고방식을 나누고 부정적 사고는 버리고 긍정적 사고방식만 취하려고 한다. 긍정과 부정이 동시에 있는데 유리한 쪽만 선택하는 이분법 사고로 치우쳐 있다. 긍정과 부정을 함께 생각하고 결정하는 것을 통합적 사고방식이라 한다.

이분법은 단면적이고 평면적이라면 통합적 사고는 양면적이고 입체적이라 할 수 있다. 단면적이고 평면적인 사고방식에서 양면적이고 입체적인 사고로 가려면 생각하는 능력이 확장되어야 한다. 세상은 양면성이 있어 항상 두 개가 존재하지만 하나만 선택할 수밖에 없다. 이분법 사고는 나를 중심으로 생각하고 이롭게 결정하는 틀이 좁은 결정이다.

하나를 선택하는 순간에도 내가 얻는 것과 상대가 얻고자 하는 것을 생각하고 결정해야 한다. 내 입장을 생각하고 상대 입장을 고려해서 결정한다. 회사원이라면 회사 다니며 회사도 생각하고 회사가 추구하는 이념이나 경영자의 입장을 고려해 나의 일을 하는 것이 통합적 사고이다. 나는 회사에서 시키는 것만 잘하고 경영자 입장을 전혀 고려하지 않는 것이 이분법 사고이다. 이분법은 이기를 위한 선택이고 통합적 사고는 이타를 통해 이기를 추구하는 것이다.

앞에서 언급했듯이 사람은 늘 사회관계를 통해서 생존하게 되어 있다. 사회의 시스템은 일방적으로 이롭게 되어 있지 않다. 그런데도 이분법적 사고로 지속적으로 결정하면 나만 이롭게 한다는 목적인데 지속이 안 된다. 이것이 사회생활을 어렵게 만든다.

사회는 상호주의시스템이라고 했다. 무엇을 하든 내가 얻을 것이 있으면 상대로 얻을 것이 있다는 사실을 파악하는 것이 늘 습관화되어야 한다. 이런 사람을 똑똑한 사람이라 한다. 사고의 틀이 좁으면 다른 것을 생각할 여유가 없고 나 이외는 생각 미치지 못하기에 나만 얻을 것을 선택하게 된다. 인간관계가 어렵고 삶이 힘들어진다. 문제는 자신이 이런 상태임을 잘 모른다는 데 있다.

틀이 좁은 사람의 특징은 어떤 문제가 발생하거나 의견충돌이 있을 시 우선상대를 비난하거나 자신의 잘못을 절대 인정하지 않으며 자신이 옳다고 역설하는 경우가 대부분이다. 참으로 관계하기 어려운 상대이다. 대부분 사람이 나이가 들면 이런 상태로 변화되어 간다. 본인 주장은 모두 맞고 상대 생각은 다른 것이 아니고 틀렸다는 확고한 신념이다. 이런 사고방식이 관계에서 사람을 지치게 한다. 틀이 너무 좁아지면 변화할 수 있는 기회까지도 상실한다. 본인이 옳다고 확신하고 타인의 의견이나 충고를 불신하기 때문이다. 사고방식을 바꾸는 기회조차도 없다.

사고방식을 바꿔야 한다는 이유는 간단하다. 이분법은 나만을 위한 일을 하는 것이고 통합적인 나를 위한 것이지만 상대가 필요한 것을 고려해 보며 결정하는 것이다. 통합적 사고는 역할이라고 한다. 사회는 역할로 구성되어 있는데, 역할을 못 하고 일을 한다면 상대가 원하는 것을 못 하기에 생존이 불리할 수밖에 없다. 역할을 잘한다는 것을 어느 곳이나 쓸모가 있다는 뜻이고 쓸모가 있으면 어디에서나 필요한 존재가 되기 때문에 생존이 유리하다. 회사나, 마을이나, 모임이나, 가정이나, 필요한 존재가 되어야 삶의 의미도 찾을 수 있다.

인생의 궁극적인 목적을 알고 목적에 쓸모 있는 역할을 할 때 진정한 삶의 의미가 있다. 궁극적인 목적은 삶이라는 과정을 통해서 얻어지며 경계가 없는 상태를 말한다. 인생은 살아 있는 삶에서 목적을 찾는 것이 아니라 죽음까지 포함한 경계 없는 상태라야 온전하게 설명할 수 있다. 자연은 보면 경계 없는 이치를 보여준다. 우주에 존재하고 무엇이든 모든 것은 경계 없는 상태로 돌아가려고 한다. 산에는 나무가 우거져 숲으로 변해서 길인지 산인지 경계가 없어지고 건물은 그냥 내버려 두면 하나씩 썩어서 경계 없는 상태로 간다. 사람도 나이가 들면 이가 빠져 잇몸과 경계가 없고 청력도 떨어져 경계가 낮아지며 시력도 침침하니 안 보여 경계가 없어진다. 죽으면 썩어서 모든 경계가 사라진다. 보이는 육체가 경계 사라지고 영혼의 경계가 사라질 때 비로소 궁극적인 삶의 목적을 이루는 것이다.

참고문헌

강준만(2014). 우리는 왜 이렇게 사는 걸까? 인물과 사상사.

권용주(2017). 변화는 나에서부터 시작된다, 대왕사.

김용옥(2011). 중용 인간의 맛, 통나무.

리사 맥클라우드 지음, 조연수 옮김(2012). 한쪽 눈을 감은 인간, 토네이도.

릭 워렌 지음, 고성삼 옮김(2010). 목적이 이끄는 삶, 디모데.

우재현(2006). 에니어그램 성격유형검사, 정암서원.

원황철(2015). 인생길 새롭게 열다, 이서원.

윤운성(2012). 에니어그램 탐구, 한국에니어그램연구소.

이진우(2020). 균형이라는 삶의 기술, 인플루엔셜.

정종진(2009). 나를 찾아 떠나는 심리여행, 시그마북스.

차길수(2018). 서비스 인간관계론, 대왕사.

매일경제 2020년 12월 17일자

청년일보 2023년 5월 13일 온라인 기사

저자소개

변광인

충남 태안 출신으로 경희대학교에서 관광학 박사학위를 받았고 외식서비스분야로 전공 수업을 하고 있다. 기업체, 공공기관, 단체 등에서 인간관계, 갈등문제, 서비스 역할 가치를 강의하고 있다.

- 영남대학교 식품경제외식학과 교수
- 나다만(나를 다시 만들기) 인생학교 교장
- 태초먹거리학교 영남캠퍼스장
- 식품외식MBA아카데미 책임교수
- 경북농민사관학교 책임교수
- 경상북도 농식품유통교육진흥원 전문위원
- 농림축산식품부 농촌융복합 심사위원
- 중소기업중앙회 전문위원
- 소상공인시장진흥공단 대구경북 심사위원
- ISO 9001, 14001 국제인증심사원